12歳までの好奇心の育て方で子どもの学力は決まる！

獨協医科大学名誉教授
永井伸一

青春出版社

はじめに

あなたは、お子さんをどんな人に育てたいですか？

今、本書を手に取っている方は、おそらく子どもを持つ親御さんではないでしょうか。小さなお子さんを持つ方かもしれないし、小学生のお子さんを持つ方かもしれないし、反抗期のお子さんに手を焼いているという方もいるかもしれませんね。いずれの年齢のお子さんをお持ちでもかまいませんが、みなさんに一つ聞きたいことがあります。

「あなたは、お子さんをどんな人に育てたいですか？」

「優しい人になってほしい」「頭のいい人になってほしい」「人に好かれる人になってほしい」「将来、自分の好きな仕事に就いてほしい」……。挙げていけばキリがないですね。

ですが、子を持つ親の究極の願いは、やはり「わが子には幸せな人生を歩んでほしい」

に尽きるのではないでしょうか。

では、わが子が幸せな人生を歩むためには、どのような人に育てることが望ましいのでしょうか。

かつての日本では、長男はその家の家業を継ぎ、娘は嫁に行くのが当たり前でした。しかし戦後、日本が豊かになるにつれ、人々の人生に選択肢が広がりました。そして、職業の選択は高学歴ほど有利な時代がしばらく続きました。

ところが今は終身雇用神話が崩壊し、高学歴だからといって幸せな人生が一生保障される時代ではありません。

これから、日本には発展著しいアジア各国から野心と能力にあふれた若者が続々とやってきて、日本人が担ってきた仕事をおびやかす時代が訪れるでしょう。

また、人間がロボットやＡＩに置き換えられる仕事も増えていくはずです。

そんな中、わが子に幸せな人生を歩んでほしいと願うのなら、親は子どもにどんな力をつけさせるべきでしょうか。

学力や語学力、コミュニケーション力などはもちろん大事な要素ですが、私はこれからの時代は「自分で考え、行動できる力」こそが、最も重要だと感じています。

その力を養う土台となるのが、幼少期の遊びを中心としたさまざまな経験です。そして、その行動を促すのに必要なのが、本書のテーマである「好奇心」なのです。

子どもの特性を認めてあげる

私はかつて医科大学で27年間、その後、付属の中高一貫男子校の校長として11年間、実にさまざまな学生・生徒たちと接してきました。数にすると、約4000人におよぶ学生・生徒の成長過程を見てきたことになります。また、その保護者とも面談を重ねてきました。

その結果、見えてきたのは、**幼少期の親の関わりが子どもの成長に大きな影響を与える**ということです。なかでも、子どもの好奇心を刺激する子育ては、その子が持つ特性を伸ばし、幸せな人生へと導けることが確信できました。

人間は生まれたばかりの赤ちゃんでも好奇心を持っています。「好奇心の芽」は3歳ごろをピークに膨らんでいきますが、その花を咲かせられるかどうかは、親の関わりにかかっています。

好奇心がある子は、物事に対して常に「なぜだろう？」という疑問を持ちます。**この疑問こそが、考える習慣をつけるのです。**

今、世の中は大きく変わり、これからの子どもたちは先が見えない状況で生きていかなければなりません。従来の常識が通じない世の中では、自分で考えて道を切り拓いていく力がなければ生きていけません。

しかし、人生経験が浅い子どものうちは、自分の判断だけで進むことはできません。それを導くのは、世の中でも、学校の先生でもなく、わが子を産んだ親なのです。

「親の思うように育てるべきだ」と言いたいわけではありません。

わが子に幸せな人生を歩んでほしいと願うなら、親として一貫した〝信念〟を持つ必要があるのです。それがあれば、日常つけさせたい習慣や勉強に対する姿勢、ほめ方や叱り方がぶれなくなります。

信念がないまま行き当たりばったりで子育てをしたり、あるいはその信念自体が間違っていたりするようでは、幸せな人生を歩める大人に成長させることはできません。

人間はそれぞれが異なる特性を持っています。ですから〝幸せのカタチ〟も、それぞれ違っていていいのです。では、その子にとっての幸せとは何か？

それはその子の特性を認め、その特性を伸ばし、その特性に合った仕事に就いてイキイキと働くことでしょう。**その特性に気づいて伸ばしてあげられるのは、いつも子どものそばにいる親御さんしかいません。**

わが子の特性は、たとえ親でもじっくり観察しなければ気づくことができません。今の時代は共働きの家庭が多く、親自身が忙しいため、よくよく観察しなければ気づかないこともあります。

また、あふれる情報に振り回されるばかりで、わが子を客観的に見ることができない親も増えています。

さぁ、今日からお子さんをじっくり観察してみましょう。子育てに〝絶対〟はないので、ときには観察力が鈍ることもあるでしょう。親がよかれと思ってやったことが、子どもを傷つけてしまうことだってあるかもしれません。

でも、大丈夫です。**子育てはいつだって修正がきくのですから。**

大事なのは、いつでもわが子の幸せを願うこと。そして、どんなときでもわが子に関心を持ち続けることです。

12歳までの
好奇心の育て方で
子どもの学力は決まる!

CONTENTS

第1章 好奇心がある子はなぜ幸せな人生を歩めるのか？

日本語

第2章 毎日の生活の中でできる好奇心の育て方

第3章

子どもの好奇心を伸ばすために必要な〝正しい習慣〟

第4章

豊かな好奇心を学力につなげる方法

第5章 好奇心は人を変える
——私が見てきた子どもたち

執筆協力　石渡　真由美
装丁　小口翔平＋山之口正和（tobufune）
カバー・本文イラスト　高田真弓
本文ＤＴＰ　センターメディア

第1章

好奇心がある子は なぜ幸せな人生を 歩めるのか？

「うちの子、好奇心がないんです……」は本当？

大人でも子どもでも、いつも好奇心が旺盛で、何にでも興味が持てる人は、はたから見るととても楽しそうに見えます。

でも、わが子を見れば部屋に閉じこもってゲームに夢中。「たまにはどこかへ遊びに行けばいいのに……」と思っても、なかなか興味を示してくれない。

近ごろは勉強も身に入らず、成績は落ちていくばかり。

いったいどうして、こんなことになってしまったのか……。

そう頭を悩ませる親御さんは多いことでしょう。今から6年ほど前、私が医科大学関連の中高一貫校で校長を務めていたとき、よく親御さんたちがこう嘆いていました。

「うちの子、好奇心がないんです……」

そんなとき、私はこう尋ねました。

「あなたのお子さんは、2、3歳のころ、どんなことに興味を持っていましたか？　どんなことをしているとき、楽しそうな顔をしていましたか？」

「電車に興味を持っていましたね」と答える親御さんもいれば、「うーん……何だったかしら……？」と思い出せない親御さんもいました。

でも、どちらのお子さんにも確かに言えるのは、**幼児期にはいろいろなものに興味を持っていた**ということです。

実は、生まれてすぐの赤ちゃんにも好奇心があります。

赤ちゃんが寝ているとき、どこかで大きな音がすれば、その音に反応します。目を開けているときに話しかけてあげると、その声が聞こえるほうをじっと見つめます。

赤ちゃんはこうやって視覚や聴覚で情報を取り入れ、それに反応しているのです。この反応も好奇心の表れです。

手足が動かせるようになると、ものを触ることで触覚が発達し、さまざまな情報を受け入れられるようになります。やがて、ハイハイを経て歩けるようになるとさらに行動範囲が広くなり、好奇心も広がっていきます。

2、3歳ごろになると子どもの好奇心はピークに達し、見るもの、聞くものすべてに興味を持ちます。特に言葉を話すようになると、「これなぁに?」「あれなぁに?」「どうして?」

「なんで？」とたくさん質問をするようになります。

たとえば子どもが庭の芝生の隅にいる虫を見ているのを、親が「これはダンゴムシっていう虫だよ。おもしろいね」と同調してあげたり、「〇〇ちゃん、よく見つけたね。こんな小さな虫を見つけたなんてすごいね！」などとほめてあげたりすると子どもは喜び、「もっとおもしろいものを見つけてみよう！」と好奇心を育んでいきます。

好奇心は親次第で何歳からでも取り戻せる

しかし、残念なことに、多くの親は買い物や食事をつくることなど毎日の生活をスムーズに進めることを優先して、子どもの小さな発見や興味を受け流してしまいがちです。

特に最近は共働きの家庭が増え、お母さん自身が時間に追われ、子どもをじっくり見てあげることができません。そのため、子どもの小さな発見や興味に気づいてあげるどころか、「今は忙しいからあとでね」と聞き流したり、余裕がないときには、「もう、うるさい！」などと怒ってしまったり……。

このような否定的な反応が続くと、子どもが5歳くらいになると「どうせお母さんに言っても聞いてもらえない……」と感じるようになり、大きく膨らむはずの「好奇心の芽」がしぼんでしまうのです。

そのことに気づかず、「なぜ、うちの子には好奇心がないんだろう……」と悩んでも、それはあとの祭り。子どもの好奇心が育つ大切な時期に、しっかり受け止めてあげられなかった結果です。

だからといって、「うちの子はもうダメなんだ……」と嘆くことはありません。

子育てとは、やり直しのきかないものではなく、いつでも修正ができるからです。

たとえ今はうまくいっていないとしても、親がしっかり子どもに向き合えば、それが子どもの心に影響を及ぼし、やがて何かに興味を持ち始めます。私がこれまで見てきた多くの生徒たちもそうでした。

できるなら、5歳まで、12歳までに好奇心を持てるよう導くことが大切ですが、**いくつになっても遅いということはありません。**

このように、子どもの好奇心の有無は、親の関わり方が大きな影響を与えます。とはいえ、何か難しいことをしなければいけないというわけではありません。

では、親は子どもに何をしてあげればいいのか、順を追って説明していきましょう。

子どもの興味を引き出すには親の観察力が不可欠

人は生まれたときから、「好奇心の種」を持っています。その種に小さな芽が出始めるのが1歳からです。1歳といえば、まだお母さんにべったりの赤ちゃんですが、ハイハイができるようになると、あちこち動き回り、そこで見つけたものを触ったり、舐めたりします。これも好奇心の表れです。

1歳半ばを過ぎて歩き出すようになると、子どもの好奇心はさらに広がり、さまざまなものに興味を持ちます。特に新しいものに興味を示し、ひとしきり夢中になって遊びます。それがその子の性格や好奇心を満たすものであれば、何度も何度もくり返し遊びます。しかしそうでなければ、興味は別の新しいものに移ります。好奇心をそそられるものが移りやすいのも乳幼児の特徴なので、乳児期、幼児期にはさまざまなものに触れる機会をつくってあげることが大事です。

子どもは何に興味を示すかわかりません。電車や動物などのわかりやすいものであれば、親も「この子は電車が好きなんだな」と気づき、電車に乗せてあげたり、踏切を見せてあげたりできるでしょう。

しかし、なかには大人が理解できないようなものに興味を示すことがあります。

たとえば、道端に転がっている石ころや、家の中のドアノブなどに執着する姿を見ると、「どうしてこんなものに興味を持つの？」と不思議に思うかもしれません。そして思わず、

「そんなものばかり触っていないの！」と言ってしまうかもしれません。

でも、そこは好きなようにさせるのがいいでしょう。大人からすれば、「そんなものの何が楽しいのだろう」と思うかもしれませんが、**特に危ないものでなければ、まずはひとしきり遊ばせてあげます。**

そして、それの何をおもしろがっているのか、じっくり観察してみてください。

石に興味を持っている子は、同じ大きさの石を集めているのかもしれません。または、

表面がツルツルした石だけを探しているのかもしれません。子どもが楽しそうに遊んでいたら、「あら、きれいな石を見つけたわね。触るとツルツルしているわね」と驚いたり、感心したりして、**子どもの興味に寄り添ってあげましょう**。

すると、子どもはもっと夢中になって、きれいな石を探すことでしょう。

それがしばらく続く場合もあるし、道端で見つけたほかのものに興味が移る場合もあります。もし、いつまでも石に夢中になっているようなら、いろいろな石が紹介されている本や図鑑を見せてあげると喜ぶかもしれません。

お子さんをじっくり観察し、今、何に興味を持っているのかを探り、ひとしきり遊ばせる。それでもなお夢中になっているなら、さらに興味を広げるきっかけをつくってあげる。

そうやって、子どもの好奇心を刺激してあげます。

さまざまなものを見たり、触ったり、いじくり回す体験が大切なのです。

子どもの好奇心を伸ばす12歳までの過ごし方

子どもには、生まれてから幼少期にかけて、成長に合わせた「そのときにすべきこと」があります。子どもをすこやかに育てるうえで大切なのは、親がそれを適切にサポートしてあげることです。

「好奇心」はその字から「心」を指すものと思われがちですが、脳の発達によって育まれていくものです。

人の意欲や好奇心を司る大脳辺縁系《へんえんけい》は乳幼児期に発達し、12歳ごろにその基盤ができあがります。好奇心旺盛な人間になってほしいと願うのであれば、この時期にたくさんの刺激を与えてあげなければなりません。

それと同時に、親は子どもの成長に合わせた接し方をする必要があります。

アメリカの発達心理学者エリク・H・エリクソンは、0歳〜1歳半までを「基本的信頼を形成する時期」、1歳半〜3歳を「自律性をつける時期」、3歳〜6歳を「自立性が発生する時期」、6歳〜12歳を「勤勉性を身につける時期」と定義しています。

まさにその通りで、人間の脳はまわりの刺激を受けながら少しずつ形成され、年齢を重ねるごとにその子の性質ができあがっていきます。

これを踏まえて、それぞれの年齢に応じた「親がすべきこと」を説明していきましょう。

信頼感 乳児期に必要なのは、お母さんの絶対的な愛情

生まれてから1歳半までは、お母さんは赤ちゃんをしっかり抱きしめ、いつもそばにいてあげましょう。この時期に最も大切なことは、子どもの反応に愛情を込めて何でも応えてあげる「スキンシップ」です。

昨今は共働きの家庭が増えていますが、それでも可能な限り一緒にいてあげてください。この時期の親子のきずなが、のちの子育てに大きな影響を与えるからです。

赤ちゃんが何かを求めてサインを送っていたら、それにきちんと応えてあげましょう。「赤ちゃんは泣くのが仕事」と言う人もいますが、だからといって求めていることが何かを知ろうとせずに放っておいてはいけません。

また、赤ちゃんには絶えず話しかけてあげることが大事です。赤ちゃんがニコニコしていたら、「今日はお天気で気持ちがいいね。あとでお外に出ようね」などと優しく声をかけたり、触れ合ったりすることで、母と子のきずなが形成されていきます。

赤ちゃんの反応や要求に応えてあげるのは、仕事を持っていたり、まだ幼い上の子の面倒も見ていたりするお母さんには大変かもしれません。でも、この時期にお母さんがしっかり応えてあげることで、赤ちゃんは大きな安心を得られるのです。

そして「自分はお母さんに愛されているんだ」という〝自分への信頼〟と、「お母さんはいつもちゃんと見てくれている」という〝外界への信頼〟を形成していきます。この二つの信頼が、「好奇心の芽」を育てる大事な土壌になります。

植物は栄養たっぷりのいい土がなければ大きく育ちません。人間もそれと同じで、太陽の光をたっぷり受け、お母さんの愛情を栄養としてしっかり吸収した子には、心の安心感があるのです。

しっかり反応してあげることは、幼児期を過ぎた子どもにとっても、もちろん大切なことです。「もう遅いかも」などと思わず、親の素直な気持ちを与えてあげましょう。

自律性 1歳〜3歳までは「待つ」「見守る」

会話が成立するようになる3歳くらいから、子どもの好奇心は大きく広がり、いろいろなものに興味を示すようになります。

子どもが何かに夢中になっていたら、そっと見守ってあげるようにしましょう。このとき、親の都合や価値観で「もう行くわよ」と無理に引き離したり、「こんなもの触っちゃダメ！」などと、何でも排除したりしないようにしたいものです。

この時期の子どもに、何がよくて何がいけないのかという善悪の区別がつくはずはありません。絵を描いていたら夢中になってしまい、床にまで絵を描いてしまった……!

こんなことは、お母さんからすればやってほしくないことですが、この時期の子どもにはよくあります。そのときに「いい加減にしなさい!」とお母さんが大声で叱ったら、子どもは驚き、萎縮してしまうでしょう。

そして次に絵を描くとき、「また叱られたらどうしよう……」と不安になり、思いっきり絵が描けなくなるかもしれません。

何でもやりたい放題にさせればいいと言っているわけではありません。**子どもというのは、本来、動物的な欲求を抑えられないもの。**そうした欲求を制御できるようになるには、幼児期から少しずつ大人が働きかけていくことが不可欠です。

その役割も、やはりお母さんがいいでしょう。それまでにたっぷり愛情を与えて母子に信頼関係があれば、お母さんの言うことを素直に受け止められるからです。

でも、この時期はまだあまり細かいことを言う必要はありません。何か危険を及ぼす恐れのある行動を取ったときに、「○○ちゃん、ここに乗って遊んだら危ないよ。落ちたら痛いよ」と優しく教えてあげる程度で十分です。

最初からすぐに理解できる子はいません。くり返し教え、できるまで待ち、見守ってあげましょう。

自立性 しつけは3歳から6歳までにしっかりと

3歳から6歳のころは、これまでと変わりなく親の愛情をたっぷり注ぎながらも、生活上の正しい習慣をつけさせることが大切です。

親の見守りは大切ですが、昨今の子育てはその意味をどこか勘違いし、「子どもの自主性を伸ばすこと」と「ほったらかし」を混同しているように見えます。学校に理不尽なクレームをつける「モンスターペアレンツ」が増えているのもそのためでしょう。

子どもというのは本来わがままで、大人がきちんとしつけをしてあげなければ欲求を抑えられません。朝と夜は決められた時間に起きて寝る、好き嫌いなく食事をする、身支度や片づけなど年齢に応じて自分のことは自分でする、我慢すべきときは我慢し、人の気持ちを考えて行動する――。

こうした習慣は、子どもの成長とともに自然に身につくと思っている方がいますが、それは大きな誤解。**幼児期から親が根気よく言い聞かせることで、身についていくものです。**

前述したエリク・H・エリクソンは、「自立」とはほかに依存せず自分でやっていける力を指すと言っています。これは人が社会生活を送るうえで欠くことのできないもの、つまり基本的な生活習慣です。その土台をつくるのが3歳から6歳というこの時期なのです。

この習慣が身についていないと、自分の好き嫌いだけで行動する子どもになってしまいます。過度に甘やかされて育った子どもは自分をコントロールできず、小学校でも朝寝坊や遅刻をして授業中に先生の話を集中して聞けないために学力が低下します。

このように、頑張る経験や我慢をする経験をさせないで育てると、怠惰な生活をくり返し、その結果、何に対しても無気力になってしまいます。

このように、**基本的な生活習慣を身につけることと、好奇心を伸ばすことは深く関わっているのです。**

小学生になったら「逃げない習慣」をつくる

小学生になると、子どもの世界は家庭から学校へと広がっていきます。幼稚園や保育園での集団生活は遊びが中心ですが、小学生になると勉強が始まります。

また、学校の決まりを守ったり、行事を成功させるために友達と協力したりしながら、社会のルールを身につけていきます。

早寝早起きや食べ物の好き嫌いをなくすなどの基本的な生活習慣は、6歳までに身につけさせるべきだとお伝えしましたが、小学生の間にこうした生活習慣を本当に定着させなければなりません。

それまで親の言うことを素直に聞いていた子どもが、まわりの友達からの刺激や影響を受けたり自我に目覚めたりして、守れていたことが守れなくなるのもこの時期です。

子どもが小学生になったら、あらためて正しい生活習慣をつけるようにしてください。

「明日は土曜日だから」「夏休みだから」などと一度許してしまうと、すぐになし崩しになってしまいます。**「例外は認めない」くらいの強い気持ちで、徹底させましょう。**それがのちのち、お子さんのためにもなるからです。

家庭のルールを守れない子は、社会のルールも守れません。

毎日規則正しい生活を送らせ、基本的な生活習慣を身につけさせることは、「遅刻をしない」「授業中におしゃべりをしない」などの学校のルールを守るためのトレーニングでもあります。また、学校のルールを守ることは、社会のルールを守るためのトレーニングでもあります。

ルールを守ることは我慢強さにつながります。**我慢強さというのは、ある日突然身につくものではなく、毎日の生活の中でしか養えないものです。**

この我慢強さは、これからお子さんが人生を歩んでいくときに直面する困難を乗り越えるのに不可欠な資質です。幼少時の遊びで何かをやりとげた経験や、一定時間机に向かって物事に取り組む習慣などから、我慢強さは養われます。

子どもが何かに興味を持って夢中になって遊んでいたら、そっと見守ってほしいと言ったのはそのためです。

小学校の授業は45分。小学生に上がるまでに、45分間は机に向かえるようにしておきましょう。小学生になったら、一日1時間だけでも机に向かう習慣をつけておくと、授業を集中して聞けるようになります。

勉強が得意になると自分に自信がつき、新しいことにどんどん挑戦しようという気持ちになります。つまり、好奇心を大きく伸ばすことができるのです。

思春期の向き合い方――12歳からは接し方を変える

小学校高学年から中学生ぐらいになると、それまで親の言うことを素直に聞いていた子でも反発するようになります。反抗期の到来です。3、4歳児にも「いや」「やらない」程度のいわゆる「イヤイヤ期」がありますが、この年齢では、自分が思っているのと違うことにことごとく反抗するようになります。

それまで愛情をたっぷり注いで育てたわが子の変貌に戸惑う親御さんも多いでしょうが、これも成長の証。みなさんもかつて通った道です。

小学校の高学年から中高生に反抗期を迎えるのは、子どもにとってごく自然なこと。**この反抗期があって、はじめて自己が形成されるのです。**

10歳を過ぎ、物事を客観視する力がついてくると、子どもは自分と他人を対比させることができるようになります。そして、自分と親の考えていることに違いがあることに気づき始め、自己を確立しようとします。

今まで愛情を注いでくれた親から離れて、自分で道を切り拓いていこうと、いろいろなことを考え、悩みながらもがいているのです。

この時期に反抗期をきちんと迎えないと、子どもはいつまでたっても親離れできず、何をするにも親に頼ったり、親の顔色をうかがったりする癖がついてしまいます。それでは、親がいなくなったときに一人で生きていけません。

子どもが12歳になったら、親御さんも「子離れ」の準備を少しずつ始めましょう。12歳といえば、大人から見ればまだまだ子どもですが、子ども扱いせずにできる限り本人の考えを尊重し、少し離れたところで様子を見守るようにしましょう。

大人の感覚からすれば、「なんでこんなことで悩んでいるんだろう」「なんでこんなことができないんだろう」と歯がゆく感じるでしょうが、そこはグッと我慢です。

でも、何か思い詰めている様子だったら、「何かあったの？」と愛情を込めて優しく聞いてあげてください。そのときに答えてくれるかもしれないし、心配されるのをかえってイヤがるかもしれません。

しかし、それもその子の個性なので、親はあれこれ聞き出そうとしたり、必要以上に心配したりせず、**「この時期はこういうものだ」とゆっくり見守りましょう。**

心が不安定なこの時期には、間違った行動に走ってしまう危険もあります。

生活の乱れが目につくようになったら、基本的な生活習慣をもう一度見直すようピシャ

りと言って聞かせるのも親の大事な役目です。

子どもの考えを尊重しつつ、家庭にも学校にも社会にもルールがあることをしっかり伝え、締めるべきところは締めるようにしましょう。

目先の勉強より“あと伸び”するタネをまく

ところが昨今の子育てでは、幼少期に「母子のきずな」や「基本的な生活習慣」をしっかり身につけさせず、学力をつけることだけに目が向いている親も少なくありません。

少子化で一組の夫婦が育てる子どもの数が少なくなっている現在、大切なわが子をいい大学に入れたい、社会的に成功させたいと考えるのは、ある意味仕方がありません。


しかし、幼少期にこれまで説明した「信頼感」「自律性」「自立性」をしっかり身につけ

ておかないと、人に愛されることで理解できるようになる他者を思いやる気持ちや、ルールを守ることで身につく我慢や努力など、人間が生きていくうえで大切なことを知らないまま大人になってしまいます。

そうなると、勉強さえできればあとは何をしてもいいというような、身勝手な人間になってしまいかねません。

以前私が勤めていた医科大学にも、そういう学生が何人かいました。医学部を目指す子は両親も医者であることが多く、幼いころから医者になるための勉強を強いられてきた子が少なくありません。

幼稚園に入りたての子どもに一日何十枚もの学習プリントをやらせたり、小学校に入学すると、すぐに難関私立中学校を目指す中学受験塾に毎日通わせたり……。

そういう子どもは幼少時代に十分遊ぶことができず、あらゆる面で体験が不足しています。テストの勉強は得意だけど自分で考え行動することができなかったり、人とうまくコミュニケーションが取れなかったりして、さまざまな面で弊害が出てしまうのです。

そうならないためにも、親はこの時期、目先の勉強より遊びを中心としたさまざまな体験をさせてあげてください。子どもは遊びを通していろいろな力を育んでいきます。

特に外遊びは、新しい発見がいっぱいで学ぶことだらけ。自然の心地よさや厳しさに触れることで生まれる感受性、身近にあるもので何かをつくったり、見立てたりする創造力、仲間とのぶつかり合いから学ぶ対人力やコミュニケーション力、予想もしないアクシデントから培う問題解決力など、それらはすべて遊びから育むことができます。

幅広い経験が「学力のベース」になる

子どものころの体験は、学力を培ううえでとても重要な要素になります。

自然の中ではいろいろな生き物に出会います。空高く飛ぶトンビ、木々を渡り飛ぶスズメ、花にとまっているチョウ、道に列をつくるアリ、石の下に隠れているダンゴムシ――。

生き物はいろいろな姿形をし、さまざまな鳴き声や動きがあります。幼児期の子どもにとって、それらはすべて興味の対象となり、飽きることなく観察をします。動物図鑑や昆虫図鑑でも詳しく知ることはできますが、やはり本物にはかないません。

図鑑を見るのが好きでいろいろな昆虫の名前を知ってはいても、実物に出会ってもそれとはわからない場合がよくあります。

子どもは自分が体験したことであれば知識につなげやすいのです。理科の授業でアゲハチョウの幼虫が出てきても、実際にそれを見たことがなければイメージすることはできません。授業で先生から説明され、知識として覚えたとしても、それはそのときだけで、たいていは忘れてしまいます。

でも、実際に見たり触れたりしたものは、「あ、あのとき、お父さんと一緒に見た幼虫だ。緑色できれいだったな」と思い出し、興味を持って先生の話を聞くことができます。

こうして自分の体験と照らし合わせながら学ぶことで、知識として定着するのです。

そして自然の中の出会いは、新しいものを見つける力、観察する力をつけます。これは理科を学ぶうえで欠かせない力です。

わが子に勉強が得意な子になってほしいなら、幼児期から勉強ばかりさせてはいけません。**机の上でプリントをさせるのではなく、さまざまな体験をさせてあげましょう。この時期の体験こそが、将来の学力や生きる力のベースになるからです。**

また、一人で何かをつくったり、観察をしたりするなど、何かにじっくり取り組むことはとてもいいことですが、友達と一緒に遊ぶことで得られるものも多くあります。遊びにはルールがあり、それを守りながら勝負したり工夫したりする過程で、創造力をふくらませたり、相手を思いやったり、自分の感情をコントロールしたりします。これらの体験は、のちに国語の読解や図工や美術の制作など、思いがけないところで生かされていきます。

遊びだけではありません。たとえば一緒に買い物をしていて、お母さんがさりげなく「長野産と青森産、どっちのリンゴにしようかな」など言葉にするだけでもいいのです。それが子どもの印象に残り、のちに社会の勉強で出てきたとき、その記憶がつながります。

いちいち教えると勉強のようになってしまいますが、このように幼児期の生活や遊びの中には、のちの勉強につながるものがたくさんあります。

そして、**幅広い経験をしてきた子ほど自分の知識として蓄えていき、やがてその知識を知恵に変えていきます。**

好奇心のある子のまわりには人が集まる

大人でも、いつも好奇心が旺盛でいろいろなものに興味を持っている人は、はたから見るととてもイキイキしています。そういう人は、自分の興味に向かって物事を進めていくバイタリティーがあり、見ているほうも気持ちがいいものです。

一方、家に閉じこもりきりでテレビやゲームばかりしている人は、本人は楽しんでいるとしても、はたから見るとつまらなく感じます。

好奇心が旺盛な人は、いろいろなことに興味を持つので行動的です。興味を持ったことを、すぐに試してみたくなるので、たとえば「近くにおいしいお店ができた」という噂を耳にしたら、すぐに食べに行きます。

そういうお母さんの子どもは、同じように、自分が興味を持ったことをすぐ調べたり、試したりするようになります。

いろいろな体験をしている人は話題が豊富なので、話がおもしろいものです。次から次へと話題を提供してくれるので、飽きることがありません。

一方、一つのことにやたらと詳しい人の話もまた楽しいものです。

たとえば、〝テツ〟と言われる鉄道好きの人は、鉄道一つをとっても、車両、線路、時刻表、鉄道音など、多方面の知識があり、それに興味がある人にとっては、とても中身が深くおもしろい話ができます。

おもしろい話をする人のまわりには、自然と人が集まります。クラスの人気者というのは、特別に成績がいい子とは限りません。話題が豊富で話がおもしろい人には、好奇心が旺盛だという共通点があります。

「あの人の話はおもしろい」「あの人の話はためになる」。そうやって、まわりにはいつも人が集まります。

また、好奇心が旺盛な人はほかの人にも関心を持ちます。そのため、どんな人にでも話しかける人なつこさがあります。人なつこい人にはかわいらしさがあり、なぜか面倒を見たくなってしまうものです。

教師にとって生徒はみんなかわいいもので、全力でいい方向に導いてあげたくなります。そうした多くの生徒たちの中でも、つい声をかけて面倒を見たくなる生徒というのが、その手のタイプの子たちです。

そうした生徒はけっして成績優秀でまじめ、素行も申し分ないというタイプではありませんが、**素直で人なつこいため、「この子をいい方向へ導いてあげたい」と思わせる、人間としての魅力があるのです。**

そういう子は人の話を素直に聞くことができるので、先輩や先生など目上の人から目をかけられ、いいアドバイスを受けられます。特に成績優秀でまじめというわけではないので、人生の途中ではあちこち寄り道をしたり、失敗をしたりしますが、そのつど、周囲からよきバックアップを受け、成長していきます。

これらの子どもは、そうやってもがきながらも自分のやりたいことを見つけていって大人になる場合が多いようです。好奇心が旺盛で、子どものころじっくり取り組んで遊んだ経験がある子は、やりとげる喜びを知っているので、そのための努力をします。その結果、夢をつかみ、幸せな人生を歩んでいけるのです。

第2章

毎日の生活の中でできる好奇心の育て方

子どもの「これは何？」「どうして？」を大切にする

人にわかる言葉を話すようになる3歳を過ぎると、子どもはさまざまな興味に対し、もっと知りたいという思いを親にぶつけてきます。そして、ことあるごとに「どうして？」「なんで？」と質問をしてきます。

「空はどうして青いの？」「人間はなんで空を飛べないの？」「お父さんにはおひげがあるのに、お母さんにはどうしてないの？」……などなど。

質問の嵐は収まることはありません。しかも、このころの子どもの質問は意外と難問で、大人でもうまく答えられないものが多いというのも、お母さんを困らせる原因なのかもしれません。

でも、この時期は子どもの質問一つひとつに、いちいち正解を答える必要はありません。

ここで一番大切なのは、子どもがそのことに気づけたということです。

ですから、親はまず子どもの発する質問にしっかり反応し、感心してあげましょう。

子どもが何か質問をしてきたら、「よくそこに気づいたね！」「いい質問だね！」と、まずはその気づきをほめるのです。**子どもは自分の好奇心を肯定されると嬉しくなり、ますますいろいろなものに興味を広げていきます。**

ところが、とても残念なことに、多くの親がその気づきをほめてあげることをしていません。そして、「今は忙しいから、あとで」「そんなこと、どうでもいいじゃない」などと聞き流してしまいます。こうした親の何気ないひと言がその子を傷つけ、好奇心を奪ってしまうのです。

また、好奇心から起こした行動を叱られると、子どもはまた叱られたくないと思うため、そこでもう聞くのをやめてしまいます。

このような状態になってしまった子どもの好奇心を取り戻すには時間がかかります。つまり、よくも悪くも親の声かけ一つで、子どもの好奇心の伸びは変わってしまうのです。

さらに、子どもが何か話をしたとき、それがおもしろくて楽しい内容であれば、大いに反応してあげてください。おもしろい話をする能力や話術は、「あなたの話はいつもおもしろいわ。お母さん、あなたといるととても楽しい」「あなたは本当におもしろいことを考える子ね。将来が楽しみだわ」と人からほめられたり、認められたりすることで伸びていきます。

新しいことをやる気にさせる〝ほめ方〟

人は誰でもほめられると嬉しくなるものです。ほめられることで、前向きな気持ちになります。

でも、ほめることでやる気になるのは、3歳以上の幼児。それまでの幼児は、理由がなくても気に入ったことがあると、同じことを何度もやりたがります。この時期の子どもはこういうものなのだと認め、親はこのくり返しの行動を受け入れてあげましょう。

3歳を過ぎて、子どもが何かに興味を示したら、親は「○○ちゃん、おもしろいことを見つけたね。すごいね！」とほめてあげると、子どもはそれに関わり始め、遊びが続きます。そして、しばらく遊んでいるうちに、ほかに興味が移り、それに執着し始めるというのが通常のパターンです。このとき、新しい興味を見つけた瞬間に「○○ちゃん、また新しいことを見つけたね。お母さんも一緒にやってみたいな」と、子どもの興味に関心を示してあげると、子どもは新しいことに取り組もうとします。このくり返しで、新しいことに挑戦する子へとなっていくのです。

つまり、親の声かけや関わりがとても大事なのです。そのタイミングがわかるようになるには、やはり日ごろから親が子どものそばにいてあげることです。

今は、とにかく「ほめること」が大事だと言われています。しかし、ただむやみにほめるだけでは子どもの心は動きません。ほめるときにはタイミングが大事なのです。

また、ほめるべき内容も吟味してほしいと思います。昨今の子育てでは、子どもがやることを何でも称賛し、ほめて育てることをよしとしている風潮がありますが、私はこのやり方に反対です。子どもが何をしても「すごいね」「いいね」とほめていては、「私は何をやってもできる子」と間違った意識を植えつけてしまうことになり、結果、プライドだけが高くて実力のともなわない大人になってしまいかねません。

子どもをほめるときは、本当にすごいことをやりとげたときや、親自身が本当に「おや？この子の目のつけどころはすごいぞ」と感じるような発見をしたときや、おもしろい話をしたときなど、「ここぞ」というときに大いにほめてあげるだけで十分です。

そして、そのとき大切なのは、その子にとっての〝ほめどころ〟であること。テストで高得点を取ったからほめるのではなく、たとえば子どもが50点しか取れなくても、「あら？すごいじゃない！　前よりも10点も上がっているわよ！　頑張ったわね」と、**その子なりの成果をほめること**です。

そうすれば、子どもは「次はもっと頑張ろう！」という気持ちになります。大事なのは、その子にとっての〝ほめどころ〟と〝タイミング〟。これを間違えてしまうと、まったく意味のないほめ言葉になってしまいます。

子どもの「なぜ?」にすぐ答えない

先ほど、子どもの「これは何?」「どうして?」には、できるだけわかりやすく答えましょうと書きましたが、これには少し注意が必要です。

親があえてすぐに答えを教えないこともまた、好奇心を広げる手助けになるのです。

小学生くらいになって、子どもに「どうして?」と聞かれたら、「不思議だね。どうしてだろうね?」と子どもと一緒に考え、調べるクセをつけることも大切です。

たとえば、お子さんに「お肉が冷めると、どうして脂《あぶら》が固まるの?」と聞かれたら、脂が持つ性質について詳しく説明するのではなく、「じゃあ、もう一度温めたらどうなるか、電子レンジでチンしてみようか?」と実際にやってみるのです。

こうした経験が、やがて理科の授業で融点について習うときに結びつき、「あ、これって前にお母さんと一緒に実験したときのことだ！」と気づくことができます。**その経験こそが知識になり、暗記学習では身につけられない自分の知恵として蓄積されていくのです。**

ところが、最近ではパソコンやスマホで検索すればすぐに答えが見つかります。ビジネスパーソンなど時間に制限がある大人には大変便利ですが、子どものころからこうしたツールに慣れてしまうと、自分で調べて考える力が身につきません。

子どものうちは少し面倒でも図書館で調べたり、実際に自分の目で確かめたりして、その答えを探す努力をさせましょう。

調べていく過程で、疑問そのものから少し離れてしまうことがあるかもしれません。でも、それも新しい発見のチャンス。**こうした寄り道が興味の幅を広げていきます。**調べる楽しさ、答えを見つけたときの嬉しさを経験した子は、さらにいろいろなことに対して興味を持ち、やがて「好奇心の花」を咲かせていきます。

見守ることと注意することの境界線は？

幼少期の子育てでは、親は子どもに愛情を持って見守ることが大事であり、それと同時に「してはいけないこと」を教えてあげることも大切です。しかし、この「見守ること」と「注意をすること」の線引きがわからない親御さんも多いようです。

公園や電車の中で子どもを叱る親の声をよく耳にしますが、私はそれを聞いて、「そこは叱るべきところじゃないですよ」と言ってあげたくなることが多々あります。

幼児が好きなことに熱中しているときは、危険なことがない限り、そっと見守ってあげましょう。子どもが公園で砂遊びを始めたら、服を汚さずに遊ぶことなんてできません。少々汚れたくらいで、親がハラハラしたり、イライラしたりしないことです。「砂遊びをすれば服が汚れるのは当然」と割りきって、思いっきり遊ばせてあげましょう。

ただし、砂を口に入れる、友達にかけるなどの危険な行為には、「砂を口に入れてはダメだよ」「お友達に砂をかけてはいけないよ」としっかり言葉で教えてあげてください。はじめは理解できず、同じことをくり返しやってしまうかもしれませんが、親は根気よく教えてあげましょう。

3歳ごろになってお友達と一緒に遊ぶようになると、おもちゃの取り合いからケンカになることがあります。そんなとき、何の理由も言わずに「○○ちゃんに貸してあげなさい！」と言っても、子どもは納得しないでしょう。

「あなたはさっきまでずっとこれで遊んでいたから、今度は○○ちゃんにも貸してあげようね。そしたら、また○○ちゃんに貸してもらおうね」と、子どもにも相手の子にもよく話して、お互いを納得させるように声をかけましょう。

この時期の幼児は、まだ自分のことしか考えられず、自分からおもちゃを貸してあげることはできません。でも、大人のこうした声かけによって、こういうときはどうするべきなのかを学んでいくのです。

もちろん、いくら言っても納得しないこともあるでしょうが、そこは親の根気が問われる場面です。**ヒステリックにならず、冷静に言い聞かせてあげてください。**

また、幼児は遊びの加減がわかりません。虫や動物などの生き物は、子どもの興味の格好の対象ですが、子どもの好奇心は無限なので、つかむときに指を強く押しすぎてアリを殺してしまった、なんてことも起こります。もう少し大きくなると、特に男の子は、わざと虫を殺して遊んだりするようになります。

こうした行為が見られたときは、「人間も虫もみんな命があるのよ。あなたが誰かに叩かれたり、踏んづけられたりしたら痛いし、悲しい気持ちになるよね。動かなくなったというのは、もう生きていないということなんだよ。人間も虫も命が一番大切だから、どんな小さな虫でもつぶさないように気をつけようね」などと優しく話してあげましょう。

幼児期に親がしっかり愛情を持って育てていれば、お母さんの言うことを素直に受け入れられるはずです。

子どもの興味は十人十色

外を歩くと、さまざまなものが目に入ります。電車、バス、人、花、ビル、雲……。小さな子どもにとっては、見るものすべてが興味の対象です。しかし、その中の何に強い興味を持つのかは人それぞれ。そして、それを見極めるのは案外難しいものです。

春に咲く満開の桜を見て、「きれいに咲いているね。かわいいピンク色をしているね」と声をかけても、子どもは下を向いてばかり。いったい何をしているのかと見れば、手にはいくつもの小石が……!?

「こんなにきれいに桜が咲いているのに、どうしてこの子は感動しないの?」「桜の花びらを集めるならまだしも、小石なんか集めて……」と思うかもしれません。

でも、それは子どもの個性。大人からすれば、桜に感動しない人はいないように感じますが、その子にとっては、きれいな桜より道端の小石のほうが魅力的なのでしょう。

そんなときに「小石なんて集めてないで、桜を見なさい。今しか見られないのよ」などと言っても、子どもの心は動きません。

子どもがニコニコしながら小石を見せてくれたら、たとえそれが何の変哲もない石でも、「いいもの見つけたね。形がいろいろだね」と、子どもの興味に応えてあげてください。

すると、子どもは「もっとおもしろい小石を見つけよう」と、さらに地面をじっくり観察します。するとそこで、アリの行列や植物の種を見つけるなどして、新たな出会いが広がります。


子どもにはいろいろなものに興味を持ってほしいと願う一方で、自分の興味を子どもにも求めてしまうことがあります。たとえば、絵を描くのが好きなお母さんは、子どもと一緒にお絵描きがしたいと思うでしょう。

一緒に楽しめれば、それはとてもいいことですが、わが子だからといって必ずしも同じものを楽しめるわけではありません。絵を描くことより、外で思いっきり走り回ることのほうが好きな場合もあります。

また、子どもがじっくり座っていられないからといって、「うちの子、大丈夫かしら？」と心配する必要はありません。お子さんがどんなことに興味を示し、どんなことをしているときにイキイキとした表情をしているのか、じっくり観察をしてみましょう。

幼児期に何に対しても関心を示さないのは問題ですが、何に興味を持つかは十人十色。**その子の興味を温かく見守ってあげることが、子どもの好奇心を伸ばす一番の方法です。**

こんなに違う！男の子と女の子の好奇心の伸ばし方

0歳〜3歳くらいまでは、男女の性別による子どもの好奇心の違いはほとんどありません。ところが4歳くらいになると、少し違いが見られるようになります。

そもそも、**男の子と女の子ではそれぞれの特性に差異があります。**『男の子のお母さんがやってはいけない10の習慣』（青春出版社）でも触れていますが、男の子の特徴として「やんちゃ」「いたずらやおふざけ、悪さばかりをする」「放っておけばいつまでも遊んでいる」「集中力に欠け、気が散りやすい」「先を見すえた行動ができない」「物事の整理が苦手」「妙なところで繊細」などが挙げられます。

こうした行動は異性であるお母さんには理解しにくく、「男の子は育てにくい」と感じる人が多いようです。

一方、女の子はお母さんが自分自身と重ねることができ、ある程度の行動は理解できます。女の子はかわいいものや素敵なものを見つけるのが得意です。たとえば、男の子なら自分のお母さんが髪を切っても気づかなかったりするものですが、女の子なら「○○くんのママ、髪を切ったんだね。かわいいね」と、小さな変化にも気づいてくれます。一方で、見たことのないものや不思議なものにはあまり関心を示しません。

男の子は不思議なものやかっこいいものに関心を示します。たとえば、昆虫や電車などです。もちろん、子どもにはそれぞれ個性があるので、必ずしもそれが当てはまるわけではありませんが、そういう傾向があると知っておくといいでしょう。

男の子と女の子とでは、精神的な発達にも違いがあります。4歳ごろになると男の子と女の子の好奇心に変化が見られることは先述しましたが、それもこの発達の違いからくるものです。

3歳までは男の子も女の子も、自分の好きなことをやりたがります。ところが、4歳くらいになると女の子の行動に変化が見られるようになります。男の子は一般的に、4歳になっても相変わらず外で遊ぶのを好み、一人で走り回ったり、自分の好きなことをやりたがったりしますが、女の子はほかの子と一緒に遊ぶのを好むようになります。女の子のほうが精神的な発達が早いため、社会とのつき合い方がわかってくるからです。

女の子はまわりを気にして周囲とうまくやっていこうとする傾向があり、反抗期を迎える前までは親の言うことをよく理解し、その通りに行動しようとします。

一方、男の子は女の子と比べて精神的な発達が遅いうえに、自分中心に行動する傾向があります。そのため、親は落ち着きがなく言うことを聞かない男の子に手を焼きます。

しかし、それは男の子の持つ性質や発達の違いによるもの。**あまり叱りすぎたり注意し**

すぎたりすると、意気消沈してしまい、自分らしさを発揮できなくなってしまいます。

子どもの好奇心を伸ばすのは、「親のおおらかさ」です。特に男の子の場合は、壁に落書きをしたり、ズボンの中にカナヘビを忍ばせていたりと、お母さんをびっくりさせることがしばしばあると思いますが、そこは目くじらを立てず、「またおもしろいことをやってくれたわね！」と笑ってあげられるくらいの心の余裕がほしいものです。

幼児期に体験させたい「やりとげる喜び」

子どもは楽しいことを見つけると夢中になって遊び、飽きるまでやり続けます。

ある若い家族が夏に海水浴に行きました。兄弟仲よく遊んでくれれば親としては楽なのですが、小学1年生のお兄ちゃんは砂遊びに夢中。一方、幼稚園年中の弟は父親と飽きることなく海で遊んでいます。兄弟で同じ場所に行っても、子どもの興味はそれぞれです。

海水浴なのに海にまったく入ろうとしないお兄ちゃんを見て、「せっかく海に来たんだから、砂遊びばかりじゃなくて泳ぎなさい」と言いたくなるかもしれません。

でも、我を忘れて夢中になっているのなら、そのままにしてあげてください。その子なりに何かをつくろうとしているはずだからです。「大きな山だね。これから何ができるのかな?」と、子どもの行動に関心を示してあげましょう。

すると、子どもは「お母さんが見てくれている」という嬉しさから、さらに張りきって取り組むでしょう。途中でつくったトンネルが崩れそうになっても、お母さんが見守っていれば、「よし、もう一度やってみよう」と、前向きな気持ちになれるはずです。

そして、「ここに水を貯めたらどうだろう?」「ここは崩れやすいから、砂をもっと固めておこう」など自分なりに考え、工夫をし、「最後までちゃんと完成させて、お母さんをびっくりさせるぞ!」と頑張るかもしれません。

完成したら、たとえそれがすぐに壊れてしまいそうでも、「すごい! これ全部一人でつくったなんて、すごい！」と思いっきりほめてあげましょう。すると、子どもは「僕はすごいんだ！　これを一人でつくったんだ！」と自分に自信が持てます。この自己肯定感こそが、これから成長していくうえで欠かせないものです。

子どもは不器用で、大人のように物事を効率よく、早く進めることなどできません。いつまでたっても完成しないものを待つというのは、親にとってはしんどいもの。つい手を貸して「ここはこうしなさいよ」と先に進めたくなりますが、そこはグッと我慢。**幼児期にこそ、最後までやりとげる経験をさせ、その喜びを実感させてあげてください。**その経験こそが、これから何かに挑戦をするときの大きな力になるからです。

飽きっぽいのは悪いことではない

子どもが何かに夢中になることは、とてもいいことです。しかし、子どもは好奇心の塊。

その子の好奇心を満たすものにたまたまめぐり合えば長続きしますが、満たさなければ、別の好奇心をそそられるものへと目移りします。

前の項では「じっくり遊ばせて、やりとげること」が大切だと書いたので、次々に興味が移る子は「飽きっぽい」とマイナスのイメージを持ってしまうかもしれません。

しかし、そもそもそれが幼児期の特徴でもあるので、心配する必要はありません。

それよりも、この時期はたくさんのものに触れさせる機会をつくることが大事です。子どもは何に夢中になるかはわかりません。親がこれに興味を持ってほしいなと思っても、期待通りの反応をしてくれるとは限らないのです。

子どもの興味を見極めるには、日ごろから子どもの行動をよく観察することです。外を走り回るのが好きな子、何かをつくるのが好きな子、音楽を聴くとご機嫌な子など、子どもにはさまざまな特徴があります。

どんなときに楽しそうな顔をしているか、じっくり観察してみてください。

すると、「あれ？　うちの子はもしかすると音楽が好きなのかも。音楽が流れているくときは、なんだかいつも楽しそうにしている」などと気づくはずです。

それがわかったら、その力を伸ばす素材をタイミングよく与えてあげるのです。

「絶対にこれだ！」と思ってやらせてみたことが外れてしまうこともありますが、それもよし。大事なのは、わが子の興味にいつも関心を持ってあげることです。

習いごとはたくさんさせたほうがいいの？

近年は少子化が進み、子ども一人にかけられるお金が増え、幼児期から水泳、体操、ピアノ、英語などの習いごとをさせているご家庭が多く見られます。子どもの好奇心を伸ばすのに最適なこの時期に、さまざまなことを体験させるのはとてもいいことです。

しかし、親の願望であれもこれもやらせ、一週間、毎日何かしらの習いごとが入っているようなハードスケジュールは避けたいものです。習いごとは曜日と時間が固定されているため、いつもそれに合わせて行動しなければならなくなってしまうからです。

行動が決められてしまうと、もし歩いている途中で何かおもしろいものを見つけても、それをゆっくり眺めることができません。お母さんも時間通りにこなすことが義務になってしまい、寄り道を楽しむ心の余裕がなくなってしまいます。

幼児期の習いごとは、親子にとって負担のない程度にしておきましょう。

もちろん、習いごとによるメリットはたくさんあります。親にも、「運動は得意だけど、絵を描くのは苦手」「歌を歌うのは好きだけど、楽器は未経験……」など、得意分野と不得意分野があります。そんなとき頼りになるのが、その道の専門家です。

幼児期の習いごとは、さまざまな分野に触れる絶好のチャンス。その実力が伸びるか伸びないかは別として、いろいろな世界を知るきっかけになります。

幼児期に一度触れたものは、そのときは続かなくても、身体のどこかに感覚として残ります。よほどイヤな思いをしていなければ、中高生になってから部活であらためて始めたり、大人になってからもう一度習ってみたりするケースも多く見られます。

ですから、「習いごとをさせてはみたけど、子どもがまったく興味を示さなくてやめてしまった……」という場合でも、がっかりする必要はありません。

習いごとにはそれなりのお金がかかります。高い入会金を払ったのに、子どもがたとえばスイミングに行きたがらなかったりすると、親はなんとしてでも行かせようとしてしまいがちです。でも、それはやめてください。

幼児期の習いごとで大切なのは、遊び感覚でやらせることです。子どもは「楽しい」と思うものは飽きずに続けます。また、自分の好きなことに対しては、もっと上手になりたいと思います。逆にその気持ちがなければ、幼児期の習いごとは続きません。

でも、それでいいのです。この時期の習いごとは、プロを目指すためにやるのではありません。いろいろな世界への入口だと割りきって、ゆるやかな気持ちで見守りましょう。

その中で、**その子の一生に関わるような習いごとに出会うかもしれないし、出会わないかもしれない。「出会えたらラッキー」と、親が一歩引いて見ているくらいがちょうどいいのです。**

外遊びほど子どもの脳を発達させるものはない

子どもは外で元気に遊ぶのが一番！　そう考える親御さんも多いでしょう。

でも、それはなぜかとあらためて聞かれると、「なんとなくイメージで……」と答える方が多いのではないでしょうか。それにはちゃんとした理由があります。

家の中の遊びと違って、外遊びでは思いっきり身体を動かすことができます。テレビやゲームを長時間やり続けると、身体がぐったりして疲れたと言いますが、**外で遊ぶと思いっきり走り回っているのに、なぜか疲れたとは言いません。**疲れを感じないで、むしろ身体がスッキリします。

外で仲間と遊んでいると、次から次へといろいろなことが起こります。

木に登っていたら、足をかけていた枝が折れて足にすり傷ができた。ボール遊びをしていたら向かいの家に入ってしまい、みんなで謝りに行った。仲間でボール遊びをしていたら途中で一人帰ってしまったので、みんなで考えてルールを変えてみた――などなど。突発的に起こる出来事に対して、そのつど自分たちの頭で考えて対処しなければなりません。

いくら外遊びをしても疲れを感じないのは、このようにして脳全体をバランスよく働かせているからです。

外遊びでは友達づき合いを覚えるので、我慢する力や人と上手に折り合うコミュニケーション力が身につきます。また、今あるもので何かをつくったりするので、創造性が身につきます。さらに、冒険と新しい体験を重ねることで、何かに挑戦する意欲が持てます。

家の中で勉強ばかりしたり、既存のおもちゃでいつも同じように遊びをくり返したり、ゲームと向き合っているだけでは、これらの力は身につきません。

今の時代は、外で遊ぶこと、仲間と一緒に遊ぶことが減り、小さいときから長時間の勉強をさせられたり、テレビやゲームなど一方向だけのコミュニケーションしかしない子が少なくありません。こうした生活を小学6年生まで続けていると、**脳の一部だけしか使わない偏った脳ができてしまいます。**

そうすると、自分の行動の司令塔である前頭葉《ぜんとうよう》の働きが衰え、大脳辺縁系が司る好き嫌いだけで行動する頭脳ができて、自分の行動を制御できず、わずかなことでもキレてしまいます。少年犯罪が起こるのも、この影響がとても大きいと思われます。

一方、幼児期から友達と一緒に外遊びをしてきた子は、いろいろな体験から知識を得て、それを知恵に変えて行動することができます。そのため善悪の判断ができるし、発想の転換もできます。

外遊びのメリットは、身体が丈夫になるといった誰もがイメージすること以外に、生きていくうえで必要なさまざまな力を身につけることができる点にもあるのです。

テレビ・ゲーム・スマホはできるだけ遠ざける

最近は電車に乗っている大人はたいていスマホを見ていて、ちょっと覗くと、ほとんどがゲームをしているかメッセージをやりとりしているかです。

また、子どもにゲームを持たせ、その横で親がスマホをいじっている光景もよく見かけます。今は親世代がすでにゲーム遊びで育ってきているため、子どもにゲームをさせることにあまり抵抗がないのでしょう。

しかし、**一日に2時間以上テレビを観たり、長時間ゲーム漬けになっている子に頭のいい子はいません**。これは過去に大勢の学生たちを調査した中で見えてきた、まぎれもない事実です。

テレビ・ゲーム・スマホというのは、映像による情報を一方的に受ける遊びです。ただ流れてくる情報を一方的に受けているだけなので、このとき頭はほとんど何も考えていません。ゲームは双方向のやりとりのように見えますが、反応がパターン化されているため、同じように脳はほとんど活性化されていません。

また、刺激の強いゲームも多く、より強い刺激を求めるにつれて頭脳は壊されていってしまいます（これについては後に例を挙げます）。

外遊びをしているときのように、そのときの状況変化に応じて脳をフルに働かせる必要がないので、脳にとってはとても楽な状態です。それでいて、大人でものめり込むようにつくられているのですから、「心地よい」と感じるのも当然です。

しかし、これを続けていると、自発的に頭を働かせることが面倒になってしまい、人間が生きていくうえで最も必要な、**〝頭を働かせる作業〟ができなくなってしまいます**。すると考えることが面倒になり、勉強が苦手になります。

それが進むと、人と会話をすることも億劫《おっくう》になり、何に対しても興味を持つことができない、つまらない人間になってしまいます。

テレビやゲーム、スマホに費やす時間は、子どもの成長になんのプラスにもならないばかりか、その時間に出会えたかもしれないさまざまな体験を見逃すことになります。それは非常にもったいないことです。

現代の忙しい親にとって、子どもがいっときでも何かに集中してくれると、仕事や家事がはかどるという利点はあるかもしれません。しかし、そうしたことを長く続けていると、そのあとに弊害が出ることを親は知っておくべきです。**テレビやゲーム、スマホには、家庭内で時間制限を決め、そのルールをきちんと守らせるなどの対策を立てましょう。**

ゲーム漬けはなぜ怖いのか？

ゲームを長時間やっていると、なぜ頭を働かせるのが面倒になり、やがて〝頭を働かせる作業〟ができない人になってしまうのでしょうか。ここで少し人間の脳の仕組みについて説明しておきましょう。

人間の脳には、気持ちが安らぐホルモン、気持ちがよくなるホルモン、興奮するホルモンなどを出す部分があります。ゲームをしていると気持ちがよくなるホルモン（ドーパミン）が出てきて、気分がよくなり、脳が活性化されます。

脳のβ波は、この気持ちがよくなり、活性化しているときに出る波形です。**ゲームをやり続けると気持ちが高揚し、この気持ちよさを限りなく求めるようになります。**一度ゲームをやり始めると、なかなかやめられないのはこのためです。

しかし、このホルモンは出すぎると毒になる特性があるため、脳はこのホルモンを受け取る部分を少なくしようとします。でも、一度味わった快感が忘れられず、もっと気持ちよくなりたいとゲームをやり続けてしまう……。

それをいつまでも続けていると、脳のβ波が下がり、意欲が停滞していきます。そして、やがて何に対しても無気力になり、いろいろなことを忘れてしまい、簡単なこともできなくなってしまうのです。この症状は認知症と同じです。

現在、日本には小学生から30歳までの大人で、インターネットやゲームによる依存症とされる人が約150万人いると言われています。幼少期からゲームをやり続けてきた子どもは、中高生になってから不登校になったり、学校を辞めたりするケースが多く見られます。実際、私の教え子の中にも、ゲーム依存症で学力が著しく低下し、学校生活を送るのが困難になってしまった子がいました。

「子どもがほしがるから」「まわりの友達もみんなやっているみたいだから」と、今の親は安易に子どもにゲームやスマホを持たせていますが、このようなリスクが潜んでいることを十分に知っておくべきです。そして、**このような依存性の高いものは、できるだけ子どもから遠ざけておくことが望ましいのです。**

どうしたら？　うちの子、すでにゲームにハマっています……

ゲームには依存性があるため、すでにゲーム漬けになっている子をやめさせるのはなかなか難しいものです。急にやめさせようとしても無理なので、ゲームをする時間を短くするなど、家庭内でルールをつくるといいでしょう。それが守れなければ、ゲームを取り上げることも必要だと思います。

しかし、そうすることによってかえって無気力状態になってしまうこともあるので、次の手としては、**ゲームの時間を短くする約束をさせてから与え、さらにほかに興味が持てそうなことを促してみましょう。**

たとえば、テニスや卓球などのスポーツをさせ、身体を動かすことによって気持ちよくなることを体験させるのです。実際、ゲームにハマっていた高校生にテニスをさせたところ、ゲーム漬けから脱出できた例があります。

また、あまり続けていると、どんな状態になってしまうのかを教えてあげることも必要です。ゲーム漬けになってしまった子が、学校の勉強についていけずに学校を辞めることになったという例はいくらでもあります。こうした事実を子どもに教えてあげることで、自らやめたり制限したりすることもあります。

しかし、いずれの場合も、そこまでの状態にさせないことが肝心です。子どもは自分のお金でゲーム機やスマホなどの高価なものを買うことはできません。買い与えるのは親なのですから、親は責任を持って、子どもにゲームやスマホとのつきあい方を教えるべきです。

子どもは本来、わがままな生き物です。昨今の子育てでは、子どもの自由を尊重するばかりで、自主性とわがままを混同している親が少なくありません。しかし、**世の中をまだ知らない子どもに社会のルールや善悪を教えてあげられるのは、親以外にいないことを知っておいてください。**

子どもにゲームやスマホを与えると決めたら、「一日〇分まで。その約束を破ったら没収」

などの家庭内のルールをつくり、必ず守らせるようにしましょう。
くれぐれも「日曜日だから」「テストが終わったから」などの例外を認めないことです。

おもちゃはいろいろな遊び方ができるものを

子どもの好奇心を伸ばすには、親の働きかけが大切です。そのため、幼少期のころから、高価な知育玩具をそろえようとする親御さんがいますが、必ずしも市販のものを買い与える必要はありません。たとえば、身近にある新聞紙や広告のチラシを細かくちぎって雪に見立てたり、兜《かぶと》や刀などをつくってあげたりするだけでも子どもは喜びます。

子どもがおもちゃをほしがる年齢になったら、あまり与えすぎない程度に買ってあげるのがいいでしょう。**幼児期のおもちゃは、手と目をよく使うものをおすすめします。**たとえば積み木などですね。

しかし、今はおもちゃ屋さんにはいろいろな積み木がありますが、同じ形をした積み木より、正方形、長方形、三角形、円柱などさまざまな形をした積み木を与えるほうが、子どもは自由に遊べるのでおすすめです。自分の目と手を動かしながら、思考力と創造性を育んでいきます。

積み木のような立体的なおもちゃのいいところは、思考力や創造性だけでなく、図形感覚を養うこともできます。こうしたおもちゃに幼児期のころから慣れ親しんでいる子は、算数で図形の勉強が始まったときに、それぞれの形が自分の経験として身についているので、すんなり理解することができます。逆にこうしたものに触れていない子は、イメージすることができません。

子どもは、自分の知っていることに対しては自信を持つことができますが、そうでないと、学ぶ前から「苦手」「難しそう……」と思ってしまいます。そうならないためには、幼児期にいろいろなものや形の異なるものに触れさせておくといいでしょう。

子どもは何か楽しいことをしているとき、夢中になって遊びます。親はずっとつきっきりでいるより、少し離れたところで見守ってあげるといいでしょう。そのほうが子どもは自分で考えて、工夫しながら遊ぶ楽しさを見出すことができます。

でも、子どもが自分の持っている人形やおもちゃを見せに来たら、親はどんなに忙しくても、「あら、かわいいお洋服を着せてあげたのね。とても似合ってるわよ」「うわぁ、ずいぶんたくさんの電車を連結させたんだね。かっこいいね！」など、必ず反応してあげましょう。すると、子どもは嬉しくなって、再び夢中になって遊び出します。

子どもは一人でも十分に楽しんで遊ぶことができます。でも、それをするためには、遊びの途中でちらりと振り返ったときに、お母さんがそばで見ていることが大切です。**大好きなお母さんがそばで見ていることを確認すると、子どもは安心感を持ち、一人で長い時間遊ぶことができます。**そして、この「じっくり集中して遊べる環境」が、子どもの好奇心を伸ばす理想的な環境なのです。

おもちゃの与えすぎには要注意！

少子化の時代、子どもには両親とそれぞれのおじいちゃん、おばあちゃんたち、計6つの財布があると言われています。生まれる前から始まり、3歳になるころには、お誕生日、クリスマス、子どもの日とたくさんのプレゼントを買ってもらったりして、気がつくとおもちゃが山のようにある、という家庭も少なくありません。

また、買い物のたびに、おまけつきのお菓子やガチャガチャをねだられて困っている親御さんも多いのではないでしょうか。

しかし、おもちゃや遊び道具を与えすぎるのは考えものです。**たくさんあればあるだけ子どもの興味の幅が広がると思うかもしれませんが、逆効果になることもあります。**

子どもにおもちゃを与えすぎると、もらったときは喜んだとしても、少し遊んだだけで飽きてすぐに興味が薄れたり、おもちゃを粗末に扱ったりするようになります。数を少なくして、そのおもちゃで自分なりの遊びができるようなものを選びましょう。
また、記念日などはプレゼントが重なってしまうものですが、新しいおもちゃを与えるのは、できれば一度に一つがいいでしょう。

慣れ親しんだおもちゃで同じ遊びをくり返すことが、一つの行動を定着させる重要な要因になるからです。十分に遊んだら、たまに新しいおもちゃを与えるといい刺激となり、より効果的です。

子どもは遊びの天才だと言われますが、日常に必要なものしかない部屋や、遊具のない原っぱでも、自分なりに工夫をして遊びを編み出すものです。

友達と遊ぶことで培われる思いやりの心

幼児期の一人遊びは、自分でじっくり考え、やりとげる経験を得るのにとても大切です。

しかし3歳を過ぎたら、一人遊びだけでなく、友達と遊ぶように親が働きかけましょう。この時期にたくさんの友達と遊ばせることは、将来人間関係を築く力を育むのにとても重要だからです。

どんなに優秀な人でも、どんなに心の強い人でも、人は一人で生きていくことはできません。人とつき合うのはときに面倒で、意見がぶつかり合ったり、ケンカしたりもします。また、悲しい思いをしたり、悔しい思いをしたりする中で、相手を思いやる気持ちが湧いてくる場合もあります。**相手と上手に関係をつくっていく力を、子どもは友達と遊びながら育むのです。**

多くの友達と遊ぶことで、子どもは「自分とほかの人は違うものである」ということを学びます。そして、仲良く遊ぶためには、ときには自分の気持ちを抑えて、我慢しなければならないことを自然に受け入れられるようになります。それがやがて、人の気持ちに寄り添って物事を考える「思いやり」につながっていくのです。

子どものころにこうした経験をせずに育ってしまうと、「社会では自分の欲求を抑えることも必要だ」「自分勝手な行動は慎まなければいけない」といった、人としての基本的な常識が欠落してしまいます。昨今、いじめやストーカー、無差別殺人などの自分勝手な犯罪が増えているのは、こうした影響が大きいようです。

人間は一人ひとりが異なる遺伝子を持っていて、その個性も千差万別です。自分の考えを伝えたり、感情を表現したりするのはとてもいいことですが、しかし一方で、**まわりの人に支えられながら生かされている存在だということも忘れてはいけません。**

他者を思いやる気持ちというのは、ある日突然身につくものでも、人から言われて身につくものでもありません。親からの伝達、そして子どものときの友達との遊びを通じて自分の体験から身につけていかなければ、本当に人を思いやる気持ちは育たないのです。

“片づけすぎ”は好奇心を伸ばす妨げにもなる

子どもの好奇心は、家庭環境によってその伸びが違ってきます。たとえば、幼少期に「親が何かの研究に熱中していた」「好きなことを後押ししてくれた」という場合、その子はたいてい好奇心が旺盛になります。

また、このような家庭には、**辞書や百科事典、美術全集、歴史に関する本などさまざまな本が子どもの手が届く場所に置いてあるのも共通の特徴です。**親が特別に本を与えなくても、親が楽しそうに読んでいる本には、子どもは自然と興味がわくもの。幼いときはその内容が理解できなくても、本棚にある本を読むことによって、断片的に残る記憶がのちの勉強につながったり、好奇心に変わったりすることがよくあります。

子どもの興味を伸ばすのに、本はとても有効ですが、その与え方は「さりげなく」がポイント。大人が強制的に「これを読みなさい！」と与えた本は、子どもはたいてい読みたがりません。

また、大人の本は大人の本棚、子どもの絵本は子どもの本棚ときれいに整頓されている家より、大人の本のスペースと子どもの本のスペースを分けていない家のほうが、子どもはいろいろな本を手にしやすく、さまざまな世界を知ることができます。

人間はきれいに整理整頓された部屋より、少しごちゃごちゃした部屋のほうが心が落ち着き、新しい発想もわきやすいようです。

少し横道にそれますが、筑波大学の学園都市ができたころは、山を切り拓いたばかりで樹木が少なく、道もまっすぐで殺風景な都市でした。そのころ、なぜか教員も学生も自殺者が多いという現象が見られました。

一方、同じ大学の町である早稲田大学周辺は、道が複雑で飲み屋や遊び場があり、ごちゃごちゃしていましたが、自殺者はほとんどいませんでした。どうやら、人間はあまりに整いすぎたところでは心が安まらない特性を持っているようで、そういう場所では好奇心や新しい発想もわかないのかもしれません。

また、大きな池があることが落ち着く要素になるようです。それは、人間の祖先が水の中で生まれて陸上に上がったことに関連があるのかもしれません。

現在、筑波大学周辺は樹木が大きく育ち、遊び場もできるなど活気のある学園都市になりました。すると、自殺者はほとんどいなくなったそうです。

筑波大学の例と人間の好奇心を伸ばす環境が直接関係あるかどうかは明確ではありませんが、雑多なものがあるところのほうが人の好奇心を引き出しやすいというのは、あながち間違っていないように思います。

会田雄次という日本文化論で多くの著作のある学者によると、アメリカでは、昔からの骨董品やごちゃごちゃしたものがある部屋のある家の子どものほうが、創造性のある人になる傾向があるそうです。

これも前記の筑波大学と早稲田大学のある町の雰囲気と似ています。

きれい好きなお母さんにとって、子どもが部屋を汚したり、おもちゃを部屋中に広げたりすることは我慢ならないことかもしれません。ですが、**子どもがまだ小さい時期には、少しぐらい家の中がごちゃごちゃしても、あまり目くじらを立てないようにしましょう。**

行き過ぎた〝きれい好き〟が日本の風物詩をなくす

近年、日本人は異常にきれい好きになっています。スーパーやドラッグストアに行くと、棚にはさまざまな抗菌グッズが並び、よくぞここまで揃えたなぁと感心する一方で、**「行きすぎたきれい好き」が心配にもなります。**

人間の腸には約3万種、一千兆個の細菌が存在するといわれます。大腸菌、ビフィズス菌、乳酸菌などは重要な細菌としてみなさんもご存じでしょう。腸の細菌相は免疫力の70％に関係しているとされていますが、30％は心が決めています。つまり、ストレスが加わると免疫力は低下し、楽しいと上がるのです。

また、皮膚には皮膚常在菌というものがいますが、除菌、消臭材を使いすぎるとこの菌が死んでしまい、皮脂が少なくなって乾燥肌からアトピーにつながってしまいます。

このように、細菌を排除する生活を続けると身体のバランスが崩れ、病気になりやすくなってしまいます、「行き過ぎたきれい好き」が思わぬ影響を及ぼすのです。

「ツバメの子育て　都市住人が脅威」

２０１６年5月に朝日新聞に掲載された記事の見出しです。ツバメは農作物によい影響を与える益鳥です。また、軒下に泥やわらを使って巣をつくり、親鳥がひな鳥の世話を一生懸命にするその姿が微笑《ほほえ》ましく、春から夏の風物詩として日本人の心を和ませ、愛されてきた鳥です。

ところが、最近ツバメの姿が少なくなっているといいます。減少の理由は、餌となる昆虫が少なくなったことかと思っていましたが、都会では人間がその大きな原因になっていることが、野鳥の会の調査で明らかになりました。

調査によると、ツバメが子育てに失敗した原因のうち、人が巣を落としたり、巣づくりを妨げたりする割合が、都市部では郊外や農村部の約7倍に上ったことがわかりました。人家の軒下に泥やわらでつくられる巣が「不衛生」と嫌われているのです。

子育ての失敗率は、都市部で23％、郊外や農村部で19・8％という結果でしたが、農村部ではカラスやヘビなどの天敵による被害が42・4％、人が原因となったのが1・5％だったのに対し、都市部では天敵による被害が15・1％でしたが、人による原因は10・6％に達しました。また、巣立つひなの数も都市部では平均約3・9羽で、農村部の約4・3羽より少ないことがわかりました。

昔から、春から夏の風物詩として日本人に愛されてきたツバメが、近年の都市部を中心とした「行き過ぎたきれい好き」によって姿を消していく……。それは、日本人本来の慈《いつく》しみと、自然や他の生き物との共存の思想が失われつつあることを物語っています。

地球環境の悪化が叫ばれている今、これからは人間だけが快適に生きるのではなく、ほかの生き物や自然との共存がなければ、生きていけない時代になっています。人間全体が自己中心的になっている現在、子を育てる親は特に、**すべての生き物と一緒に生きていくという考え方や、人は生きているのではなく生かされているのだという考え方を子どもに教えてあげてください。**

それには、ツバメが子育てをする様子を子どもに見せてあげるといいでしょう。それを観察するだけでも、子どもの関心を引き出すことになるはずです。

リンゴは赤くなければダメ？

幼い子どもの発想は、とても自由でユニークです。子どもが感じたことや話すことに、思わずクスッと笑ってしまうことはありませんか？

しかし、現在の日本の幼稚園や保育園、幼児教室などでは、幼いころから物事を教え込みすぎる傾向にあり、疑問を抱かない子どもが増えています。たとえば、リンゴには丸くて赤いものと青いものがあるという観念を与えてしまうのが、今の幼児教育です。

しかし、これでは子どもが感じたことを伝えたり、表現したりする力を伸ばすことはできません。**幼児期に大切なのは、その子の個性を伸ばしてあげること**です。

このような根本的な教育が行われないまま、大人になってから「いいアイデアを出せ」

と言われても、それは無理な話です。

ある幼稚園で4歳児の女の子のNちゃんが黒いリンゴを描いたことがありました。先生はその絵を見て、「リンゴは丸くて赤い色をしているのよ。これは何を描いたの？」と尋ねました。Nちゃんはうまく説明することができず、「腐ったリンゴ」と答えました。

しかし、Nちゃんはリンゴを描いているときに、リンゴのところどころに黒い部分や青い部分があることに気づいたのです。そこで、その部分を一生懸命に描こうとしているうちに、黒や青の部分が多いリンゴの絵ができあがってしまったというわけです。

幼稚園から帰ってお母さんにも「なんで黒いリンゴを描いたの？」と聞かれたのですが、そのときもやっぱりうまく説明できませんでした。

しかし小学校の高学年になったころ、リンゴを正確に描こうとして、だんだん黒くなってしまったことを思い出したのだそうです。

こうした子どもの発見こそがとても大事なのです。

大人は子どもに常識を教え込もうとしますが、子どもには子どもなりの見方や考え方が

ありります。それを大人の常識でつぶしてしまっては、好奇心や発想力は伸びません。

幼稚園や保育園では一人の先生が大勢の子どもを見るため、子ども一人ひとりの個性を見抜くことは難しいかもしれませんが、いつもそばにいる親なら、そのことにも気づけるはずです。

子どもが黒いリンゴを描いても心配することはありません。むしろ、どうしてそう描いてみたくなったのか、子どもの視点に注目してみましょう。黒や青の斑点に注目したなら、「よく見つけたね。この青や黒い部分は何だろう?」と一緒に興味を示してあげると、「私はみんなが気づかないことにも気づけたんだ!」と嬉しい気持ちになり、何かを発見することは楽しいと思うようになり、さらに好奇心を広げていきます。

第3章

子どもの好奇心を伸ばすために必要な〝正しい習慣〟

「自由」と「甘やかし」の大きな違い

好奇心が旺盛な子というと、自由でのびのびしたいいイメージを持つ人は多いでしょうが、社会に出れば〝何でも自由〟とはいかないものです。授業中にマンガを読みたくなったから読む、仕事中に映画を観たくなったから観る。みんながこんなふうに自分の好き勝手に生きていたら、社会は成り立ちません。

自由とは、社会生活をきちんと送れる人であってこそ認められるもの。それには、人間が生活をするうえでしてはいけないこと、しなければならないことをきちんと教えなければなりません。子どもはまだ動物的な欲求を抑えられないため、自制する力をつけさせるには親のしつけが不可欠です。

自由ばかりが尊重される昨今の子育てによって、わがまま放題の自己中心的な子どもが増えているように思えます。幼少期の親の愛情は不可欠ですが、**「甘えさせる」**のと**「甘やかし」はまったく違います。**

「甘やかし」というのは、人間が生きていくうえで必要なしつけをせず、むやみにかわいがること。これでは将来、子どものためになりません。

社会できちんと生きていける人になるには、日常の生活習慣をきちんと身につけさせ、社会的にしてはいけないことをしたらしっかり叱る。そうすることで、老若男女さまざまな人が生活している社会では、「すべてが自分の思い通りにはならない」「ときには我慢して自分を律する必要がある」と理解するのです。

子どもの好奇心を伸ばすことと、しつけに何の関係があるのかと疑問に思う人もいるでしょう。でも、人が輝いて生きていくには、自分を律し、他者と協力をし、社会のルールを守ることが最低限必要で、そのうえで自分らしさを見つけながら生きていくことが幸せな人生へのカギなのです。

伸びる子にするための条件は規則正しい生活から

子どもに生活上の正しい習慣をつけさせることは、幼児期のしつけが非常に大切です。たとえば「早寝早起き」や「あいさつ」などですが、そんなことは子どもが成長していけば自然に身につく、と思っている人も多いようです。

しかし、こうした**生活上の正しい習慣というのは、ある日突然、身につくものでも、特定の年齢になれば誰でも身につくというものでもありません。誰かが教え、トレーニングをしてあげるものなのです。**

3歳になったら、これまでと変わらず愛情を注ぎながらも、少しずつ日常生活に必要なしつけを始めていきましょう。朝は決められた時間に起き、身支度やおもちゃの片づけなど、自分のことは自分でできるようにしていきます。

第2章では、子どもが遊びに熱中していたら飽きるまで遊ばせてあげましょう、と書きましたが、これはもちろん、幼い子どもを夜遅くまで遊ばせてもいいということではありません。

「まだ眠くない」「もっと遊びたい」。そんな子どもの欲求をそのまま受け入れていては、まともな生活を送ることはできません。遊べるときは思いきり遊ぶ。我慢すべきときは我慢する。人はそうやって自分の欲求をコントロールしながら生きていくものです。

「早寝早起き」は生活のリズムを整え、健康にもいいという理由からだけでなく、自分を律する力である自制心を育むためなのです。

あいさつの習慣は親から子へのプレゼント

あいさつの習慣も、社会で人間関係を築くうえでとても大切なことは言うまでもありません。あいさつはコミュニケーションの基本であり、どんな人とでも、その関係は「あいさつ」から始まります。
これができないと、たとえどんなに優秀な人でも、どんなに容姿が美しい人でも、魅力に欠けるように見られてしまいます。逆にあいさつがきちんとできる人は、多少のミスや欠点があっても、「あの人は、本当はしっかりしているのかもしれない」と思わせる力があります。わが子に幸せな人生を送ってほしいと望むのであれば、まずは日常のあいさつがしっかりできるようにしてあげてください。

そのための一番簡単かつ効果的な方法は、**まず親御さん自身が率先して元気にあいさつをすることです**。子どもは親の姿を見て育ちます。親がいつもニコニコ笑顔で近所の人や知人にあいさつをしていたら、「人とあいさつをすることは楽しくて、気持ちがいいことなんだ」と感じるようになります。

しかし、なかにはモジモジしてうまくあいさつができない子どももいます。そんなときは、きつく叱ったり、無理にあいさつさせたりしないほうがいいでしょう。あまりうるさく言いすぎると、あいさつをすることがさらに嫌いになってしまいます。

すぐにうまくできなくても、お母さんが毎日楽しそうにあいさつをする姿を見せていれば、やがて自然にできるようになるでしょう。

少し大きくなって言葉の意味が理解できるようになってきたら、「〝ありがとう〟って言われたら、嬉しい気持ちにならない？」「○○ちゃんは今、とても悲しい気持ちになったと思うよ。もし、同じことをされたら、あなたはどう思う？　悲しいよね。そういうときは何て言えばいいのかな？」と、人の気持ちに立ってみることを教えてあげると、「ありがとう」や「ごめんなさい」を自分からすすんで言えるようになります。

生活上の正しい習慣を身につけさせるときも、あいさつをするときも、その先には相手がいることを忘れてはいけません。

「今日は例外」をつくらない

「早寝早起き」や「あいさつ」の習慣は、乳幼児期に親の愛情をたっぷり受けた子であれば、素直に受け入れられるでしょう。**しかし、それを本当に定着させられるかどうかは、小学生時代のすごし方にかかっています。**

小学生になり子どもの世界は家庭から学校へ広がると、そこにはさまざまな友達がいて、よくも悪くも影響を受けます。それまでは親の言うことを素直に聞いていた子どもも、まわりの友達からの刺激を受けて自主性が芽生えたことで、夜ふかしをしたり、今まで守れていたことが守れなくなったりと、だらしなくなってしまう危険性があります。

ここで気をゆるめてしまうと、自分を律する力を身につけることができません。子どもが小学生になったら、そういう変化が起こりうることを知っておき、ここであらためて家庭の正しい生活習慣を確認し合いましょう。

「みんなの家もそうだよ」「今日だけお願い！」など、あれこれ言い訳をして家庭内での約束を自分の都合のいいほうへ持っていこうとします。こうしたやりとりはいちいち面倒ですし、精神的な負担もかかります。

そこで、どんな言い訳も通用しないように、「わが家の門限は18時、就寝は22時」などと、きちんと数字で決めてしまいましょう。

子どもが「どうしてうちは22時に寝ないといけないの？　○○ちゃんちは0時まで起きていても叱られないって！」と言ってくるかもしれません。

そうしたら、「でも、ちゃんと寝ないと次の日は眠くて、授業を集中して聞けないでしょ。授業中に寝てしまったら、先生の大事な話を聞き逃してしまうよ。そしたら、勉強がわからなくなってしまうよ」など、理由をしっかり伝えてあげましょう。

すると、子どもも「じゃあ、夏休みならいいよね？」などと一歩上手をいこうとしますが、例外は認めないこと。

一度認めてしまうと、すぐになし崩しになって、その先も守れなくなってしまうからです。


近ごろは親子の仲がとてもよく、友達のような関係の親子もいます。

また、子どもに嫌われたくないという思いから、〝聞きわけのいい親〟もたくさんいます。

かわいい子どもが「お母さん、今日だけお願い！」と言ってきたら、「しょうがないわね。じゃあ、今日だけよ」と許してしまうかもしれません。

でも、どんなに仲がよくても親は親、子どもは子ども。繰り返しますが、子どもに正しい生活習慣を身につけさせるのは親の役目なのです。

家庭のルールを守れない子は、社会のルールも守れません。わが子をきちんとした社会人に育てたいのであれば、少々心を鬼にしてでも生活習慣を守らせましょう。

自分の好き嫌いだけで行動しない子にするために

赤ちゃんは生後半年あたりから離乳食が始まり、人として食べる喜びや楽しさを味わう人生がスタートします。子どもがおいしそうに食べる姿を見るのは、親としては嬉しいものですが、なかには食が細かったり、好き嫌いがあって食べなかったりする子がいます。

離乳食が始まったころは、食べるという行為にまだ慣れていないので仕方がない面もありますが、小学校に上がっても好き嫌いがあるという場合は、早いうちになんとか克服しておきたいものです。

子どもの好き嫌いは、親の声かけや調理の仕方で克服できるケースが多くあります。

幼いうちはお母さんの優しい一声で食べられるようになったり、にんじんをジュースにしたら飲んだりするなど、調理法を変えるだけで摂取できることもあります。

また、友達が食べている姿を見て食べられるようになることもあります。ですからお母さんは、「うちの子はにんじんを食べない」などと決めつけないでください。

子どもが嫌いなものをなんとか食べさせるという行為は、親としては骨が折れることかもしれません。食事中に親子でイヤな思いをするくらいなら、にんじんなんて食べられなくてもいいや、なんて思ってしまうかもしれませんが、ここで好き嫌いを認めてしまうと、子どもの好き嫌いはエスカレートしていきます。

ですから、牛乳に身体的なアレルギーがあるなどの場合を除いて、なんとか食べられるようにしましょう。

食べ物にはそれぞれ異なる栄養があり、子どもの成長には欠かせません。

でも、それ以上に大事なのは、**ときには我慢して受け入れなければならないこともある、**ということです。食べ物の好き嫌いがあるからといって、将来生きていけないわけではありませんが、好き嫌いがある人は食事に誘いづらい、一緒に食事をしてもつまらないなど、人間関係を築いていくうえでマイナスに出てしまうことがあります。

また、極端な考えかもしれませんが、食べ物の好き嫌いがある人というのは、わがままな人が多く、人に対しても好き嫌いが出やすい傾向にあるように感じます。

小さいときは大好きな家族と一緒にいれば生きていけますが、学校に行くようになれば、自分が苦手な子とも一緒に過ごさなければなりません。社会に出ればさらに厳しい環境が待ち構えています。「あの上司は嫌いだ」「あのお客さんは苦手だから接客したくない」など、わがままを言ってはいられないのです。

ですから、幼いうちから好き嫌いをつくらないようにしましょう。

もちろん、人は一人ひとり個性があり、好き嫌いがあります。でも、好きでも嫌いでもそれを受け入れ、自分なりに折り合いをつけて生きていける人になってほしい。それが社会で生きていく術《すべ》であり、結果として幸せな人生を送れるようになるからです。

毎日必ず机に向かう時間をつくる

世の中のいろいろなことに興味を持ち、それを深めるために好奇心を持って行動できる人というのは、はたから見るととても輝いて見えます。

一方、同じように好きなことをするのでも、目先のおもしろいことばかりに興味が向き、気が散りやすい人はあまり魅力的に感じません。両者の違いはどこにあるのでしょうか。

それは、地道に努力できる力があるかないかです。子どもの好奇心を伸ばすには、人が生活していくうえで必要な「正しい習慣」を身につけることが大切だと前述しました。正しい習慣とは、早寝早起きやあいさつをする、食べ物の好き嫌いをなくすなどです。

それに加えて、小学生になると学校では勉強が始まります。小学校の授業時間である45分間、椅子にきちんと座って先生の話をしっかり聞けるかどうかは、その子の今後の学力に大きな影響を与えます。

幼い子どもにとって、長時間じっとしていることは苦痛なものです。**特に女の子より気が散りやすい男の子は、意識的に忍耐力をつける必要があります。**

忍耐力というのは、誰もが生まれながらに持っているわけではありません。しつけと同様に、毎日の生活の中で親が上手に働きかけなければ身につかないものです。

しかし最近の子育てでは、この「我慢を教える」ことが軽視されているようです。

昔は大家族で、両親のほかにおじいちゃんとおばあちゃんがいて、近所にもおせっかいなおじさんやおばさんがいて、子どもは大勢の大人に育てられたものです。

ところが今は核家族が主流となり、たまに会うおじいちゃんとおばあちゃんは孫かわいさに甘やかしてばかり。都心暮らしは近所づきあいも希薄で、まわりに子育てのアドバイスをしてくれる人がいません。

父親の帰りが遅い家庭では、母親と子ども二人だけの心地よい世界ですごしているため、我慢を教える機会がありません。その結果、授業中に45分間椅子に座っていることが我慢できず、歩き回ったり騒いだりする子どもが増えているのです。

自分の欲求を我慢して物事に長時間取り組むには、「忍耐力」や「地道に努力をする力」

が不可欠。こうした力は、勉強はもちろん社会で仕事をするうえでも必要です。

そのためには、小学生になる少し前から、毎日一定の時間、机に向かって何かをやる習慣をつけさせてください。はじめは10分程度でかまいません。**徐々に時間を延ばし、無理なく自然に習慣づかせることが、長続きをさせるポイントです。**

そして、小学校に上がるときまでに、学校の授業時間である45分を目安に、机に向かえるようにしましょう。この習慣をつけていけば、授業も集中して聞くことができます。

授業を集中して聞けると、先生が話している大事なポイントを聞き逃さないため、学力で大きく落ちこぼれることはありません。

また、先生のこぼれ話に興味を抱き、その内容をさらに深めたいと思うこともあるでしょう。これこそが、好奇心の芽を伸ばすチャンスです。

遊びの中で育まれる我慢強さ

幼少期に遊びに没頭していた子は、小学生になって机に向かって勉強に取り組むときも、容易に集中することができます。反対に、遊びで何か夢中になったことがない子は、なかなか集中できないことがあります。

幼少期の子どもは、何か楽しいことを見つけると、それを飽きるまで遊びます。**この「飽きるまで遊ぶ」という経験が、〝逃げない心〟を育てるのです。**

自然の中での遊びや、友達など相手がいる遊びでは、予測もしないようなハプニング、ぶつかり合いが起こります。そんなときに、「もうダメだ……」「あの子とは遊びたくない」など、自分の思いだけを出していては、遊びは続きません。

砂遊びで城をつくっていたのに崩れてしまった。さて、どうするか？ 土台を広くして固めるのがいいのか、上の部分を軽くするのがいいのか？ 「自分の頭で考えてアクシデントを切り抜けた」という経験がある子は、「粘り強さ」が身につきます。

また、友達と遊んでいてケンカをしてしまった。悪いのは相手だけど、私も少し言いすぎたかもしれない。今、ここで私は許してあげたら、また遊べるかな、と自分の気持ちに折り合いをつけて、友達を受け入れた経験をした子。こんな子には、「我慢強さ」という武器が手に入ります。

こうした経験をした子は、どんな困難にぶつかっても、逃げずに自分で切り拓く力があるので、「今、ここぞ」というときに何かに集中して取り組むことができます。

「粘り強さ」や「我慢強さ」がない子に、親はなんとか勉強をさせようとしますが、やりたくないものを無理にさせるのですから、勉強がますます嫌いになってしまいます。するど、さらに机に向かうことができなくなるという悪循環になってしまうのです。

お手伝いがもたらす〝好奇心〟と〝責任感〟

4歳をすぎたら、正しい生活習慣を身につけさせると同時に、少しずつ家の「お手伝い」

をさせるようにしましょう。はじめは「新聞を取りに行く」「テーブルにお箸を並べる」など簡単なことでかまいません。

家族のために何か役に立つ行動をすることはとても大切です。

家族の一員だという意識が芽生えることで、さらに上の共同体である学校、地域、そして社会へとスムーズに移行して、そこで貢献できる人間になろうとするからです。

お手伝いが上手にできたら、「ありがとう」と感謝の気持ちを伝えましょう。

すると子どもは嬉しい気持ちになり、もっと家族の役に立ちたいと思うようになります。また、こうした嬉しい気持ちを味わった経験がある子は、ほかの人にも素直に感謝の気持ちを伝えることができるようになります。

小学生になったら食器洗いや洗濯物干し、お風呂掃除などの家事を役割分担をして、お手伝いを習慣化させましょう。

それによって、時間を上手に分配して段取りよく進めていく、どんなに面倒でも自分の責任で役割をきちんとやる、などの大事なことが理解できます。

これも「粘り強さ」や「我慢強さ」、集中力を支える「目的意識」を身につけさせることになり、長い目で見ると「勉強ができる子」にするうえで強い武器になるのです。

もう一つ、「お手伝い」にはよい点があります。**台所や買い物などでお母さんのお手伝いをすると、勉強ということを意識せずに、さまざまな知識を得ることができます。**

たとえば、キッチンで調理のお手伝いをすれば、野菜を切ったときの断面や、お湯に入れたときの変化、冷やしたときの変化などを身体感覚で身につけることができます。こうした経験は、のちに習う算数の図形や理科の内容につながっていきます。

また、買い物に行けば、野菜や果物の産地がわかり、割引やセールで数の感覚を養うこともできます。詳しくは第4章で触れていきますが、お手伝いをすることで、こうした知識を自然に吸収することができるのです。

また、勉強に限らず、お母さんのお手伝いをしているうちに料理に興味を持ったり、買い物につき合っているうちに接客業に憧れたりと、将来なりたい職業を知るきっかけにもなります。お手伝いは、子どもの興味を広げてくれる最高の機会なのです。

子育ては役割分担したほうがうまくいく

近年は共働き家庭が増え、家庭における親の役割が多様化しています。今はお母さんが外でバリバリ働いていることも多く、帰宅が早いお父さんがご飯をつくり、子どもの世話をしているという家庭もあります。

お母さんも働くのが当たり前になっている昨今、家事や子育てをお母さん一人で抱え込まずにすむという点では、こうしたお父さんの存在をありがたく思うかもしれません。

しかし、**子どものすこやかな成長を考えたとき、優しく世話をするお父さんの存在がいいとは必ずしも言えません。**男性と女性では、それぞれ特性が違います。どんなに優しいお父さんでも、子どもを産み、母乳を与えることはできません。お父さんとお母さんには、本来、男女の特性を生かしたそれぞれの役割があるのです。

また、家庭というのは小さな社会でもあり、お父さんとお母さんがしっかり役割分担をしたほうがうまく機能します。家庭という小さな社会で、二人の親が同じ役割を担うと、どこかバランスが悪くなってしまいます。

つまり、**子育てに〝二人のお母さん〟はいらない**のです。

お父さんとお母さんが役割分担すべきだと言うと、「一人親家庭」や「お父さんが単身赴任で不在な家庭」では健全に育たないのかと言われそうですが、そうではありません。

現代は価値観やライフスタイルが多様化し、さまざまな家族の形があります。理想は「父親と母親がそれぞれ役割分担できている家庭」ですが、何らかの事情でそれができない場合でも、その役割をおじいちゃんやおばあちゃんなど別の人が担うこともできます。

子どもに父親的役割と母親的役割で接する人がそれぞれいればいいのです。

では、お父さんとお母さんはそれぞれどんな役割を担うべきなのでしょうか？

お母さんの役割は子どもを優しく見守ること

前の章でも再三お伝えしていますが、子どもを育てるうえで最も大切なのは、なんといっても「母と子のきずな」。生まれたての赤ちゃんは、特別な事情がある場合を除いて、お母さんに抱っこされてお乳やミルクを飲ませてもらいます。

この時期の赤ちゃんにとって、世界はお母さんがすべてと言っても過言ではありません。

こうした触れ合いから、赤ちゃんがお母さんと一体感を感じるのはごく自然なことで、この一体感こそが人と人とのコミュニケーションの基礎となります。

近ごろはキャリアを目指すお母さんが多く、産後まもなく職場へ復帰するケースも見られます。しかし、できることなら0～6歳までの乳幼児期は母と子の時間を優先して、できるだけ長い時間、わが子に愛情を持って接してあげましょう。

幼児期に「無条件で愛情を注いでくれる人」「いつもそばで見守ってくれる人」がいると実感できた子は、「自分はお母さんから愛されているんだ」という〝自分への信頼〟と、「お母さんはいつもちゃんと見てくれる」という〝外界への信頼〟を形成していきます。

この二つの信頼が自信につながり、子どもは「好奇心の芽」を伸ばしていきます。そして、安心感があるからこそ、外の世界へ飛び出すことができるのです。

3歳を過ぎたあたりから、日常でも生活習慣を少しずつ身につけさせることが必要になってきますが、この時期はまだお母さんに甘えていたいときでもあるので、あまり厳しくしつけをする必要はありません。

まだ心の準備ができていないころから無理に自立をさせようとすると、かえって子どもは不安になり、お母さんのそばを離れることができなくなります。

また、自分のことは自分でできるようにさせたい、とお母さんが強く思い、まだ幼い子どもに自分の靴を履かせようとしても、うまく履くことはできないでしょう。

叱りつけてまで自分で履かせる必要はありません。待つことができず、お母さんがイライラしてしまうくらいなら、やらせないほうがいいでしょう。

できるところは自分でさせ、できないところは手伝ってあげる。そして、できたことをほめてあげると、子どもは自信がつき、「次は一人でやってみるぞ」と前向きな気持ちを持つことができます。子育ては焦らないことが大事です。

お母さん、完璧を目指さないで！

初めて子どもを持つお母さんにとって、子育ては不安がいっぱいです。幼少期に母親の愛情が大事なのはよくわかる。でも、仕事だって大切。今、職場を長く離れてしまったら、私の仕事人生はどうなるのだろう……と悶々としているお母さんもいるでしょう。

「母親はこうあるべき」と断言されてしまうと、それがプレッシャーになってしまうかもしれませんね。

しかし、子育てはそこまで思い詰めてやるものではありません。生まれたばかりの赤ちゃんは四六時中そばにいてあげなければなりませんが、子どもの成長に合わせて、少しずつ距離を離していけばいいのです。

仕事を持つお母さんの場合、産休・育休の期限が終了して職場に復帰することになったら、これまでのように子どもと一緒にいる時間は減ってしまいますが、短い時間でも一緒にいる時間に愛情をたっぷり注いであげればいいのです。

一緒にいられない時間は、「今日は保育園でどんなことをしたの？」「お友達と楽しく遊べてよかったね。また保育園の話をお母さんに聞かせてね」など、**お母さんはいつもあなたのことを気にかけている、というメッセージを伝えてあげれば、子どもは寂しい思いをすることはありません。**

外の世界で新しい発見をしたり、経験したりしたら、「帰ったら、お母さんに話してあげよう！」とわくわくしながら待ち焦がれているでしょう。

今の時代のお母さんは、子どものときからいろいろな経験をし、自由に生きている人もいます。一方で幼少期から厳しくしつけられ、勉強ばかりしてきた人もいます。

昔と違って女性の生き方が多様化している今、お母さんにもいろいろなタイプがいます。自分優先で好きなようにすごしているお母さんがいる一方、「私がこの子をしっかり育てなければ」と過度なプレッシャーを感じて子育てをしているお母さんもいます。

どちらのタイプも極端な例かもしれませんが、**理想の子育ては、お母さん自身がおおら**

かな気持ちでいることです。

子どもが何か楽しい遊びを見つけたら、それを自由にやらせる。それでいて見るべきところはきちんと見て、「ここぞ」というときにはしっかり叱る。イメージとしては「肝っ玉母さん」です。

こうしたお母さんはいつも元気でニコニコしていて、子どもの多少の失敗は笑い飛ばす心のゆとりがあります。また、好奇心が旺盛で、気になることがあるとすぐ行動に移すバイタリティーもあります。そんなお母さんの姿を見て育つ子どもは、その性質が受け継がれ、のびのびと成長していくことができます。

お父さんはお母さんのサポーターになろう

そうはいっても、人の性格はそれぞれ異なるもの。「私は肝っ玉母さんにはなれない」という人も当然いるでしょう。「肝っ玉母さん」はあくまでも理想の母親像の一つで、誰もがなれなくて当然。なれない自分を責める必要はありません。

乳幼児期の子育ては非常に時間がかかるので、その労力を軽減させようと、お父さんが子どもにミルクをあげたり、オムツを替えたりすることはとてもいいことです。

しかし乳児期には、まだお母さんでなければダメなこともたくさんあります。母乳をあげることや、最も身近な存在として優しく見つめて語りかけてあげるなどは、お母さんにしかできない役割です。

お母さんにそうした役目を余裕のある精神状態で担ってもらうためには、お父さんは子どもの世話より、お母さんのサポートをしっかりしてあげてください。

お父さんが仕事でいつもそばにいてあげられなかったら、お母さんの心の支えになってあげてください。

「今日はどうだった?」「そんなことがあったんだ〜」「それは大変だったね」「いつもありがとう」と母親の話を聞いて、ねぎらいの言葉をかけてあげるだけでいいのです。

そうすることで、お母さんは「私は一人じゃない」「一緒に子育てをしている」と心強い気持ちになれます。

また、お父さんがお母さんを優しくいたわり、お互いが仲良く助け合っている姿を日常的に見せるのは、子どもにもいい影響を与えます。なぜなら、**両親の関係は子どもにとって最も身近な人間関係であり、それがその子の価値観へとつながっていく**からです。

両親の関係が良好な家庭の子は、「人と関係を結ぶのは素敵なこと」と人間関係をポジティブにとらえられます。すると自然に人を好きになり、信頼することができます。

また、親同士がお互いに思いやりを持って接している姿を見ると、「人への思いやり」を学ぶことができます。わが子を優しく思いやりのある子に育てたいなら、親がお手本となって、その姿を見せることが大切です。

お父さんとお母さんの仲が悪いのに、「人に優しくしなさい」と言っても、「言っていることとやっていることが違うじゃないか！」と、子どもは納得できないでしょう。

人を信頼し、まわりと協力しながら上手に人間関係を築いていける子は、幸せな人生を歩むことができます。わが子にそれを望むなら、まずはお父さんとお母さんが優しくいたわり合い、助け合うようにしましょう。子どもは親を見て育ちます。

世の中の仕組みを教えるのはお父さんの役目

お母さんの役割が「無条件で愛情を注いでくれる人」「いつもそばで見守ってくれる人」であるとするなら、お父さんの役割は何でしょうか？

お父さんは子どもにとって「ちょっと怖い存在」「社会を教えてくれる大きな存在」であるのが理想です。といっても、ひと昔前の、父親が威厳を振りかざす父権的なやり方をすすめているわけではありません。

子どもが何か悪いことをしたとき、そのつど言い聞かせるのはいつもそばにいるお母さんの役割ですが、人として絶対にやってはいけないこと、社会では認められないことなど、「ここぞ」というときに子どもを正すためにビシッと叱る人が一家に一人必要です。

その役割は、やはりお母さんではなくお父さんであることが望ましい。

また、**社会に出たときに必要な「社会力」をつけさせるのもお父さんの役目**です。

お父さんは、社会で生きていくのに必要なルールやマナー、将来仕事をするときの意識、持つべき正しい価値観などを子どもに教えてあげてください。

そのとき、誰でも言えるような言葉ではなく、実際に厳しい社会を経験しているお父さんの実体験と照らしあわせながらお父さんの言葉で伝えてあげると、子どもは深く理解します。

さらに、子どもが実際に社会に出たとき、それを陰で支えるのもお父さんの役目です。お父さんは社会の現実や厳しさを教えながらも、常に子どものことを少し離れた位置で見守り、いざ子どもが壁にぶつかったときには励まし、心の支えになってあげてください。

もう一つ、子どもを育てるうえでのお父さんの大事な役割があります。

それは、自然の中でダイナミックな遊びを教えてあげること。お母さんにも運動神経が極めてよかったり、男性並みに活発な動きができる人はいるでしょうが、自然の中で子どもに大胆な冒険をさせたり、少々ハードなくらいに身体を動かすというのは、お父さんにしてほしい遊びです。

そのときお父さんが本気で遊びにつき合うと、普段はちょっと怖い存在のお父さんが楽しんでいる！　と、子どもも喜ぶでしょう。

いつも一緒にいられないからこそ、お父さんとの遊びは特別な思い出になります。

キャンプ、山登り、釣り――。これらは、お父さんだからこそできる遊びです。アウトドアが苦手なお父さんなら、子どもと一緒にプラモデルをつくるのもいいでしょう。**家庭内で一番大きな存在であるお父さんであれば、遊びを通して我慢強さや粘り強さを教えてあげられます。**

世の中にはたくさんの仕事があることに気づかせる

小学生が「将来なりたい職業」に挙げるのは、身近にあったりテレビのドラマに出てきたりする職業ばかり。子どもは世の中にどんな職業があるのか、よく知らないからです。

将来、子どもに自分に合ったやりがいのある仕事に就いてほしいと願うなら、小さいうちから少しずつ世の中にはどんな仕事があるか、どういった方面の仕事が自分には向いていそうか、イメージさせてあげるといいでしょう。
それを教えてあげられるのも、お父さんです。

もちろん、仕事をしているお母さんも仕事や社会について教えてあげられるでしょうが、前述したとおり、一つの家庭でお父さんとお母さんにそれぞれに役割があったほうがうまくいきます。家のことや学校のことはお母さん、社会のことはお父さんというように、子どもにとっては担当を分けてあげたほうがいいのです。

お父さんは「社会」や「仕事」の話を積極的に子どもにしてあげる。

子どもが幼いときは、まだそんなことを言ってもわからないのでは、と思うかもしれませんが、現在の教育システムでは、昔と違って「大器晩成」で成功する人はごくわずか。自分に適した進路や将来の仕事を早い時期に見いだした子ほど、目標に向かって着実に伸びていきます。将来就きたい職業の方向性を高校生までにぼんやりとでも決めておかないと、スタートラインに立つことすらできず、その希望はかなわぬ夢となってしまいます。

自分が将来なりたい職業に就くには、どんな大学のどのような学部に進み、どんな資格を取る必要があるのか。その大学に入るには、どんな勉強をしなければならないのか——。

こうしたことを前もって決めておくのは、子どもの人生の選択を狭めてしまうのではないかと思うかもしれません。でも、もし本当にその職業に就きたいのであれば、物事を計画的に進めていくこともまた大切です。

ですから、**お父さんは子どもがまだ幼いときから、世の中にはどんな仕事があるのかをできるだけたくさん教えてあげてください。**たくさん知っていれば、それだけ子どもの選択肢は広がります。

そして、自分がどんな仕事に向いているのかをイメージさせるには、子ども自身に「何が好きか」を気づかせることです。その〝気づき〟に好奇心を刺激してあげることが欠かせません。

幼少期に子どもにさまざまな体験をさせて好奇心の芽を伸ばしてあげることは、子どもが将来なりたい職業へ就くための道を拓くきっかけにもなるのです。

第4章

豊かな好奇心を学力につなげる方法

すべての勉強は好奇心が原動力になっている

人間の脳は前頭葉が反応しないと、まったく働きません。目の前にいくらすごいことがあっても、刺激を取り入れなければ反応は起こらないのです。脳の働きは、まず注目することから始まります。注目とは〝好奇心〟から生まれる行動です。

人は好奇心があれば、それを満たすために考えたり、調べたり、学んだりして行動に移します。学ぶことを〝勉強〟と言い換えれば、人は好奇心を満たすために勉強をするのです。そして、「学ぶことは楽しい」と感じると、さらに知的な学習を求めるので自然と学力が高くなります。

逆に好奇心がなければ、目の前にあるいっときの楽しさで満足して、そこで成長が止まってしまいます。

人は誰でも、生まれたときから好奇心を持っています。世の中には多くの不思議なこと、先人たちの多くの知識の蓄積がありますが、親が上手に刺激してあげると、子どもの好奇心はそうしたことへ向かっていきます。

しかし、現在はネット社会で情報を簡単に手に入れられ、刺激の強い遊びやゲームが氾《はん》濫《らん》しており、それが子どもの好奇心をなくす要因になっているのです。

これは、豊富にある食べ物をだらだらと食べ続けているのに似ています。いつでも満たされているため、さほど強い食欲（知識欲）を感じないのです。

好奇心とは「なぜ?」という疑問です。幼いころ、親が子どもの「どうして?」「なぜなの?」という質問を上手にサポートしてあげると、子どもの好奇心はどんどん広がります。このとき子どもの興味を引くような説明をして、実物を見せられる場合はできるだけ見せてあげましょう。

すると、子どもは「新しいことを発見するのはおもしろい」「知らないことを知るのは楽しい」と思うようになります。そして、幼いときにこうした経験をしてきた子は、将来、自分の知らないことに出会ったときに喜んでそれを吸収し、困難に遭遇したときにも立ち向かえる人になるのです。

わが子を勉強が好きな子にしたいと望むのなら、幼少期にさまざまな体験をさせ、子どもの「なぜ」に応えてあげましょう。それは、必ずしも正しい答えでなくてもいいのです。「へぇ、おもしろいことに気がついたね」と、子どもの気づきに感心したり、「それはどうしてなんだろうね？」と一緒に考えてみたりして、**子どもの興味に共感してあげることで、子どもの好奇心は育まれていく**からです。そして、この好奇心が〝学び〟の土台となり、原動力になります。

幼児期は早期教育よりも「愛情」と「しつけ」

ところが、昨今は少子化で一組の夫婦が育てる子どもの数が少なくなっているため、一

度しかできない子育てを「失敗したくない」と思う親が多いように感じます。

「先の見えない将来、わが子を社会的に成功させるには、いい大学へ入れることが不可欠。そのためには小さいときから勉強をさせなければ――」と必死なのでしょう。

たしかに今の時代の教育システムは、かつてと比べて「大器晩成」が実現しにくくなっています。

しかし、本書で何度もくり返しお伝えしていますが、幼児期に大事なのは、ドリルやプリントの勉強ではありません。この時期に必要な遊びを十分せずに勉強ばかりしていると、あらゆる面で体験の足りない子に育ちます。

勉強の知識はあるけれど、自分の経験から物事を考えることができないので、新しいことやハプニングに直面したときに何もできない人になってしまうのです。

幼児期に必要なのは、一にも二にも〝遊び〟です。そして、この遊びを思いっきりさせてあげるには、親の愛情が不可欠です。幼少期に親がたっぷり愛情を注いであげると、子どもの心は安定し、いろいろなことに興味を持って外に飛び出していけるからです。

わが子の幸せを心から望むなら、幼児期は早期教育よりも「愛情」と「しつけ」を大切にしてください。

パターン学習で得た学力は真の学力ではない

意欲や忍耐、危機感、言語、好き嫌いなど、人が生きていくうえで必要な部分の脳は乳幼児期に発達し、12歳までにほぼ完成します。

基礎的な日常生活を送るのに必要な脳の部位が大きく発達する幼児期に好奇心を養い、おもしろいと感じさせれば、子どもはどんどん新しい知識を吸収していくでしょう。そして、自分が興味を持ったさまざまなことに挑戦していきます。

幼児期の早期教育には弊害があります。脳の発達が著しい幼児期に勉強をさせれば、子どもはどんどん知識を吸収していくでしょう。実際、幼稚園児のころから反復計算や文字の読み書きを毎日特訓し、ペーパー問題を何枚もこなしてきた子は、当然のように小学校では優秀な成績を維持できます。

ところが、ここで問題が起こります。幼児期から勉強ばかりしてきた子どもは、小学生になって初めて勉強をする子より明らかに成績がよいため、**自分が反復訓練をしてきたことなどすっかり忘れ、「自分は何もしなくても勉強ができる」「今まで通りパターンで覚えればできる」と錯覚してしまう**のです。

また、親も「うちの子は勉強ができる」と思い込んで大きな期待をしてしまい、「うちの子なら名門中学に入れるかも」と、次なる目標が中学受験になります。

かつての中学受験は今ほど競争が激しくなく、高学年から塾通いをしても間に合う子も多くいました。でも、今の時代の中学受験は小学3年生の2月から受験勉強を始めるのが一般的。大手進学塾の受験カリキュラムがそれに沿ってつくられているからです。

さらに、今後少子化が進んで中学受験をする子どもが減少していくことを危惧した大手進学塾は、優秀な子どもを早い段階から取り込みたいと考え、小学1年生からの受験コースを設定しているところも普通になっています。

今はよくも悪くも情報社会ですから、「○○中学に入るには、小学校1年生から塾に入れないと間に合わない」などの情報に親が振り回され、早いうちから子どもを塾通いさせている家庭が増えています。

たしかに、各私立中の傾向に合わせて勉強させれば、骨のある問題を出す難関中学でも合格することができます。しかし中学・高校になって自分で考えて答えを導き出す科目が増えてくると、今までのやり方では太刀打ちできなくなってしまいます。

幼少期の早期教育は、〝解き方のパターン〟だけを教えるので、「物事を考えて学ぶ」という本当の学力が身につかないのです。

幼児期の反復学習と中学受験塾の暗記学習で優秀な成績を維持してきた子どもたちは、「自分は頭がいい」と思い込んでいます。そのため、中学生になってから初めて〝勉強ができない自分〟を体験すると、大きな挫折感を味わうことになります。

幼少期から勉強ばかりして同年代の子どもと遊ぶ機会が少なく、ケンカしたり、意見がぶつかり合ったりするなどの経験をしていないと、何か問題が起きたときや、「ここぞ」というときに、その壁を乗り越えていく「粘り強さ」や「我慢強さ」がありません。

その結果、生きることに投げやりになり、何に対しても無気力になってしまう子もいます。これこそが早期教育の弊害です。

もちろん、中学受験をしたすべての子どもがそうだというわけではありませんが、一部の猛勉強をしなくても合格できる生徒を除くとそういう子どもが多いというのは、これまで多くの生徒を見てきた私が語れる事実です。

小学生になれば勉強も必要ですが、あまり長い時間、机に向かっている必要はありません。**「学年×10分」を目安に家庭学習の習慣を身につけ、少しずつ増やしていければ十分です。**あとはできるだけ好きなことをさせましょう。

1年生でたった10分、3年生でも30分の家庭学習では、小学校の45分授業に耐えられないのでは、と心配する親御さんもいるでしょうが、子どもの「集中力」を養うのは勉強だけではありません。**遊びに没頭することも「集中力」を養う方法の一つなのです。**

パターン学習ではなぜ伸びないのか？

では、なぜ解き方をくり返すだけの「パターン学習」では〝考える力〟を伸ばすことができないのでしょうか？

現在の脳科学では、脳細胞は11歳くらいまでに神経繊維が伸びて、シナプスという接点ができ、神経細胞と作動器官をつなぎます。これによって人間が生きていくために必要な神経をつなぎ、〝働く脳〟を完成させるのです。

人間の脳を形成する幼少期には、視覚、聴覚、触覚、嗅覚、言語などの部分が十分に働くよう、脳の中に多くの回路をつくらなければなりません。そのときに自分で考えることをせず、早く行うことや繰り返し問題を解くようなことばかりしていると、教え込まれた回路しか使えない脳になってしまいます。

人間の脳がほぼ完成する12歳以降には、それまでにでき上がった部分だけが残り、あとの使わなかった部分は働かなくなるのです。

今の時代の中学受験は、大手進学塾に通うことが前提になっています。

中学受験には小学校の教科書をしっかり勉強してもけっして解けないような問題が出題されるため、大手進学塾は問題をパターン化して、それをくり返し解かせるという方法を取っています。自分で解き方を考えさせているわけではありません。

人間の脳が形成されるその大事な時期に、くり返し覚えることばかりしていると、その知識は覚えたときのまま頭に残りますが、視覚や聴覚などから入力される実際に体験することから切り離されてしまい、応用がきかなくなってしまいます。この回路は11〜12歳くらいまでにできあがり、使わなかった部分はなくなってしまいます。

繰り返しますが、人間の脳の基礎的な部分は12歳までに完成する回路を使って考えます。パターン学習を中学や高校でも続けていると、知識は増えるかもしれませんが、新しいことを自分で考えることができなくなります。

これまでの大学受験は暗記したことを答えるだけだったので、こうしたパターン学習でもなんとかなりました。しかし2020年からスタートする、センター入試に代わる「大学入学希望者学力評価テスト（仮）」は、教科ごとの試験ではなく、「合教科・科目型」や「総合型」といった総合的な学力が問われる問題になると言われています。

各教科の仕切りがなくなり、理系の問題に文系の要素が入ってくるなど、あらゆる教科の知識を総動員させないと、答えにたどり着けないのです。

この方法がいつから採用されるかまだわかりませんが、これまでのパターン学習で勉強をしてきた子は、知識はあっても応用力がないので、さまざまな知識をつないだり切ったりして新しい考えをつくることができず、新しい入試問題に対応できません。

パターン学習の弊害は、大学入試改革に対応できないことだけではありません。

そもそも、なぜ大学入試が大きく変わろうとしているのかと言えば、パターン学習が子どもの〝考える力〟を奪っていることに、文部科学省をはじめとする教育界が気づいたからです。大学入試が変わると、高校入試も中学入試にも変化が表れます。ですから、今後はパターン学習も見直されていくことになるでしょう。

では、これからの子どもたちは、どんな学びが求められるのでしょうか？

答えは変わりません。**これからの大学入試で求められるのは〝思考力〟です。** 人間が物事を考えるとき、そのもととなる知識や体験が必要です。それがないのに頭を働かせようとしても、それは〝考えているつもり〟になっているだけです。

考える基礎となる知識や体験は、やはり幼児期の遊びで得られます。幼児期は遊びを通じて、頭脳と身体をフルに使い、脳の中にたくさんの回路を巡らせ、〝働く脳〟をつくることが何よりも大切です。そうすれば、それは目先の大学受験だけなく、社会に出てからも生かされるでしょう。

遊びと体験が豊かな感性をつくる

今から6年前、私が私立中高一貫校の校長をしていたとき、朝礼でこんな話をしました。

「昨今、科学の進歩が激しい世の中では、文化的なことがないがしろにされ、何でも割り切って考える傾向があります。しかし、人は豊かな感性を持つことも必要で、科学的なことも文化的なことも身につけなければ、物事を広く考えることができなくなります。科学的な考えに偏りすぎてしまうと、新たな発想が生まれなくなってしまうのです」

そして、生徒たちに次のような質問をしました。

「雪が解けると何になりますか？」

すると、何人かの生徒が「はい、はい！」と手を挙げてこう答えました。

理数が得意な生徒は「水になります」と答えました。

理科が得意な生徒は「小さいゴミが入っている水になります」と答えました。

これらは科学的な答えです。小学生のときから受験のための勉強をしてきた子たちは、こうした知識をひたすら暗記して、志望校への合格を目指します。その結果、このような答えが多くなるのです。

しかし、国語も社会も得意で、豊かな感性を持っている生徒はこう答えました。

「雪が解けたら、春になります」

情緒的でありながら、生活感が伝わる答えですね。

このような答えができる子は、将来、自分の知らない分野で問題に遭遇したときでも、それを解決する力があると思います。新潟県や北海道の雪深い地域で育った人であれば実感できると思いますが、そうでない地域に暮らす子どもがそう答えられるのは、たくさんの本を読み、さまざまな体験や文化に触れてきた証。そうやって、自分以外の人の気持ちを想像できる豊かな感性を育んできたのです。

『春よ来い』という童謡があります。作者は『浜千鳥』『鯉のぼり』などで知られる弘田龍太郎さん、作詞は早稲田大学校歌『都の西北』で知られる相馬御風さんです。
　歌詞の一節は次のようになっています。

春よ来い　早く来い
あるきはじめた　みいちゃんが
赤い鼻緒の　じょじょはいて
おんもへ出たいと　待っている

　これは冬の間は寒くて外に出られないというのが一般的な解釈ですが、実はそれだけではありません。雪が深い地方では、降ったばかりのやわらかい道では、身体の重みで積もった雪の中にもぐってしまい、それが凍ると滑って危ないので、子どもは外に出られないのです。
　このような体験をしている人なら、普段の生活をしている中でも、『春よ来い』の意味を考えることができます。しかし、体験をしていない人は、自分が持っている知識以外のことを考えることはできません。

幼少時代から自然に触れ、さまざまな体験をして来た子は、科学的な考えも、文化的な考えも持つことができ、いろいろな角度から物事を考えることができるようになります。

これから世の中は、ますますグローバル化が進みます。自分と育った環境も文化も違う人と一緒に生きていくには、相手が置かれている立場や環境などを想像できる「他者理解」ができなければ、うまくはいきません。

それには、科学的な思考だけでなく、文化的な思考もできる頭脳を持ち合わせることが不可欠なのです。

「中学受験をする」という選択をしたら――

とはいえ、このご時世、子どもには少しでも上の学校に進学してほしいという親御さんの気持ちもわかります。いい大学へ行けば、それだけなりたい職業の選択幅が広がり、チャンスをつかむことができるという考えは、あながち間違っていないからです。

しかし、「中学受験をする」という選択をしたら、意識してほしいことがあります。

今、お子さんが早期教育のおかげで優秀な成績を維持しているとしたら、「あなたが今できるのは、小さいころからずっとドリルやペーパーテストの勉強をしてきたからなのよ。中学受験では自分の頭で考える勉強も必要だから、暗記だけの勉強ではなく、今から自分で考えるクセをつけておこうね」と教えてあげてください。

もし、すでに中学受験の勉強が始まっていて、お子さんが受験塾に通っているのなら、受験勉強をさせながら、少しでも空いている時間があったら、できるだけ遊びを中心としたさまざまな体験をさせてあげましょう。

中学受験の試験内容はある意味特殊で、それぞれの学校によって「ここまでの知識と考える力がほしい」という内容がだいたい決まっています。そのため、過去問をたくさん解けば、ある程度は解けるようになります。じっくり考えながら勉強してできあがるのとは違う性質の学力です。

小学5、6年生の短い期間であれば、パターン学習でもその影響はあとに残りません。ですから、本人に合った塾に入れて、パターン学習でもいいから頑張るように伝え、それ以外の生活では好きなことをする時間を与えるようにしましょう。

それによって、毎日塾に通い詰めの周囲の子と比べれば多少成績が見劣りするかもしれませんが、心配することはありません。それ以上に、この時期の体験が〝考える力〟を養い、中高時代になってからの真の学力へつながるからです。

「勉強しなさい」で勉強する子は危ない

子どもの好奇心を伸ばすのに弊害となるのは、早期教育やパターン学習などの〝勉強のやり方〟だけではありません。

「人工知能が仕事を奪う」といわれている昨今、将来わが子を少しでも有利な状態にさせてあげたい、難関大学へ入れたいと願う親は多いですが、**幼少期から絶えず「勉強しなさい、勉強しなさい」と言われ続けた子は、勉強に対して常に〝やらされ感〟を持ち、心から学びたいという気持ちを育むことができません。**

また、親に言われた通りに勉強ばかりしてきた子は、「いい成績さえ取れていればいい」と勘違いし、社会的な規律を守ることがおろそかになったり、他人の気持ちに鈍感な人になったりしがちです。

人として「していいこと」「してはいけないこと」の区別がつかず、勉強以外に頑張った経験がないので責任感も芽生えず、自己中心的な人になってしまうのです。このような脳が形成されてしまうと、社会で生きていくのが難しくなることがあります。

幼児期に親から愛情を注いでもらえず、生きていくうえで必要な生活習慣やしつけを身につけさせてもらえなかった。幼いときから「勉強しなさい」だけを言われ続けた――。

昨今、いじめやストーカー、無差別殺人など、自分の思うにいかないからと平気で人を傷つけてしまう短絡的な事件が多いのは、こうした背景を否定できません。

子どもには、よくも悪くも親の価値観が投影されます。親が道端にゴミをポイッと捨てれば、その子どもはそれが悪いことだと気がつかず、同じようにゴミを捨てるでしょう。

親から「あなたは勉強さえできればいいのよ」と言われながら育った子は、「自分は勉強ができるから偉いんだ。ほかの奴らはみんなバカだ」と思い込み、人を見下します。

そんな人のところに当然人は集まってきませんから、気がつくと孤立してしまいます。

そんな人生は、幸せとは言えません。

親は誰でもわが子の幸せを望んでいるはずです。望んでいるからこそ、先のことを心配して勉強をさせるのでしょう。しかし、将来のわが子の幸せを本当に望むのであれば、勉強ばかりさせることがいい育て方とはけっして言えません。

子どもは親を見て育ちますが、親の思うようには育ちません。でも、親として教えるべきことはしっかり伝えていかなければならないのです。

どれだけ失敗したかでその後の成長が決まる

日常生活や学校生活で、子どもは何かと失敗をするものですが、子どもの失敗について親がガミガミ言うのは望ましくありません。

そもそも、子どもは大人と違って人生経験が少ないため、失敗をするのは当たり前。**むしろ、「失敗しないことが失敗である」と私は考えています。**

人は大人になるまでに数々の失敗をしますが、その失敗体験こそが大事なのです。「あのとき、こうしていればよかった」「もっと違うやり方があったのではないか」「いったい何がいけなかったんだろう」と反省して修正することができれば、失敗は成功のもとになるのです。

何より、**失敗を味わうことで「自分の判断だけでは間違えることもある」という現実を**

知り、やがて「自分は失敗に対処できる」という自信がつきます。そして、「人のアドバイスを聞く耳」や「素直さ」を身につけます。

ところが今の時代は、かわいいわが子に失敗させたくないと思うあまりに、失敗をする前にあれこれ口や手を出す親が目立ちます。特に男の子のお母さんは息子を〝溺愛〟するあまり、面倒なことはすべて親が先回りしてやってしまうケースが多く見られます。するとその子は「自分でやらなくても、誰かがやってくれる」という意識がなかなか抜けず、自分から何かをしようとする力がつきません。結果として、自分自身で考えて行動することができなくなってしまうのです。

しかし、社会に出れば、子どもは自分の力で生きていかなければならないのです。それができなければ、いつまでたっても親から自立できません。

ですから、子どもにはたくさんの失敗をさせましょう。

ただし、同じことをくり返し失敗してはいけません。人は失敗を克服しなければ、「また失敗してしまうかもしれない……」と恐れて挑戦を避けます。それでは前には進めません。

失敗の原因が自分でわからないようなら、人生経験が豊富な大人が「そういうときは、どうすればよかったのか」を教えてあげてください。そうすることで、子どもはその失敗からきっと何かを学び取るはずです。

失敗とは、親が事前に防ぐべきものではありません。また、子どもが失敗したときに頭ごなしに叱ったり、ぐちぐちと小言を言ったりするのもやめましょう。「この子は今、この失敗を通していい経験をしているぞ」と、親はおおらかに受け止めて見守ってあげるべきです。

子どもの好奇心を広げる本の力

本は私たちにさまざまなことを教えてくれます。人は生きていく中でいろいろな体験をし、多くのことを学んでいきますが、自分一人の人生では世界のすべてを経験することはできません。

しかし、本を読めば、自分の知らないさまざまな世界を知ることができます。本からは多彩な知識を得ることができるため、好奇心の幅を無限に広げることができます。

また、本を読んでたくさんの知識に触れることで、物事を多様な角度から見ることができるようになります。

子どもにはぜひ本を読む習慣をつけさせてあげましょう。そのためには、**幼少期から親が積極的に子どもに読み聞かせをしてあげるのが理想です。**

本の内容にそれほどこだわる必要はありません。絵本ならお母さんがパッと見て「この本は素敵だな」と思うものを読んであげればいいのです。大事なのは、お母さん自身も楽しむことです。

今の時代は育児に関する情報があふれているので、幼少期に子どもに読み聞かせをするのはいいことだと知っているお母さんは多くいます。だからといって、義務的に読んでいては、子どもにその楽しさは伝わりません。親は自分が読んだ本で、感動したところを話すということも必要です。

子どもを本好きにさせたいなら、お母さん自身も本を好きになることです。絵本でも、雑誌でも、旅行のガイドブックでも、どんな本でもいいのです。

家の中でお母さんが日常的に本を読む姿を見せると、子どもは「本のある生活」を自然なものととらえます。本を読むのはごく日常的なことだと思えれば、あとはお母さんの声かけ次第で、子どもは抵抗なく本を読むようになるはずです。

まれに、幼いときから自分から本を読む子どもがいます。子どもが静かに本を読んでいてくれると家事がはかどり親としては助かりますが、ほったらかしにせず、「この本の絵、かわいいね。どんなことが書いているのかな」などと、子どもが読んでいる本に関心を示してあげましょう。

子どもは本の世界に浸りながらも、ときどきお母さんの様子をうかがっています。子どもは喜んでお母さんに説明をしてくれるでしょう。

本を読む子は語彙力《ごいりょく》や表現力が養われ、国語が得意な子が多いものです。さらに、こうして人に内容を説明するという経験を積めば、ますます国語が得意な子になるでしょう。

また、さまざまなジャンルの本を読むことで、世の中の仕組みを知ったり、自然科学に関心を持ったりと、あらゆる方面へと好奇心を広げていくことができます。こうした好奇心から得た知識は、すべての教科につながり、学力を伸ばすきっかけになります。

偉人や成功者の伝記などをすすめるのもいいですね。過去に成功した人の生き方をたどってみると、ほとんどの場合、その成功は〝努力〟によってつかみ取ったものであること

がわかります。努力をして大きな成功をつかんだ実在の人物の話は、子どもにとってきっといい刺激になるはずです。

人に対する好奇心が国語力・語学力を伸ばす

人の好奇心の対象は物事だけでなく、周囲の人もそうです。人に興味がある人は、誰とでも話せる社交性があり、他者との信頼関係を築くことが上手です。

また、興味の対象となった人の話を熱心に聞こうとするので、聞き上手にもなります。聞き上手な人は会話上手で、一緒にいて楽しい人が多いものです。しかし、こうしたコミュニケーション力は、大人になって急に身につくものではありません。

人に興味を示すには言葉が必要です。自分の意思や考え方を相手にどう伝えるかが大切

になるからです。意思の伝達をするには多くのボキャブラリーが必要で、そのため国語力が重要になります。

人間は語彙力の多くを幼少期に吸収します。子どもは親の声かけによって言葉を覚え、語彙を増やしていくのです。大人なら誰でも知っている言葉でも、子どもにはわからないものがたくさんあります。

ですから、**親は会話で難しい言い回しや言葉を避けたりせず、なるべくいろいろな言葉を使ってください。**質問されない限り、特に難しい言葉について説明してあげる必要はあ

りません。文脈から推測することもできますし、その時点ではわからなくても、子どもの心には残るからです。

また、子どもはまだ自分の感情をうまく言葉で表せません。伝えたくても、どう伝えればいいかわからないのです。人の気持ちを察することもできないので、お母さんが何か嬉しい、悲しいと思ったことは、きちんと言葉で伝えてあげましょう。

「上手にあいさつができるようになったね。お母さん、とても嬉しいわ」「少し怒り過ぎちゃった。ごめんね」といったように、嬉しい気持ちや感謝の気持ち、ときに反省する気持ちもちゃんと言葉で伝えてあげてください。

すると、子どもが同じような経験をしたときに、気持ちを言葉で伝えられるようになります。**自分の気持ちを言葉で伝えられる子は、他人の気持ちも理解しようとします。**この〝他者理解〟は国語ではとても大切な要素です。

相手を知るには言葉が必要です。そのため、相手に伝わる言葉を覚えます。人に好奇心がある人は国語力が伸びるだけでなく、英語をはじめとするほかの言語の習得も早くなります。外国語が話せるようになると外国人の友達が増えます。そしてまた、さまざまな人と触れ合うことで、知識を増やし、さらにコミュニケーション力を磨いていくのです。

理系科目を強くするには絵を描く習慣をつける

幼児を外に連れ出し、野原で遊ばせると、そこにはアリやチョウチョ、ハチ、カマキリなどが草や花の中にいるのを見つけられます。それをじーっと見つめ、「これはなんだろう？」と惹《ひ》きつけられることでしょう。

子どもが幼児期のうちに、昆虫や動物、植物に触れる機会をなるべくたくさんつくってあげましょう。こうした生物の不思議に出会うことで、新しいことを発見する喜びを体験させてあげられます。

子どもは生き物に触れることで、観察力や洞察力が養われ、「比較」や「分類」など、学力の基礎となる力を身につけます。そのときに絵を描く習慣をつけると、より細かく観察できるようになります。

それによって、その姿を自分の知識として頭に焼きつけることができ、絵を描くことで注意力や集中力が養われます。これらは子どもの学力を伸ばす大きな力になります。

私は今、ある幼稚園で子どもの教育に携わっています。その園では園児に簡単な算数を教えています。といっても、いわゆる早期教育ではありません。

幼児期の子どもは、言葉をしっかり会得することが大切です。言葉がわからないまま、ただ算数の解き方だけを学んでも意味はありません。**「言葉をわからないままにしないこと」を習慣化するのは、とても大切です。**

園で教えている算数はこんな感じです。

「今日、ミミズを6匹、ダンゴムシを4匹見ました。明日、ダンゴムシを6匹見たとすると、明日は全部で何匹のミミズとダンゴムシを見たことになるでしょう。ちなみに昨日は

3匹のミミズを見ました」

このように3つくらいの要素を入れて簡単な問題を文章で与えて、それを絵に描かせてみるのです。そうすることで言葉の意味を理解し、自分の頭で考えるようになります。

算数は数量感覚や図形センスが問われる教科ではありますが、それ以前に言葉の意味をきちんと理解できているかどうかが得意と不得意を分けます。国語はすべての教科の基本だと言われるのはそのためです。

言葉の意味を理解するときに、絵を描く習慣があるといいのですが、この習慣をつけさせるのには、自然の中で出会った動植物を観察して描くのがおすすめです。

鉄道好きは社会に強い

男の子の中には大の鉄道好きという子がいます。そういう子はたいてい、お父さんも鉄道好きだったりするもので、親子で一緒に電車に乗る機会も多いでしょう。

鉄道が好きな子は、電車の名前や車体の名前を覚えるのが得意。鉄道好きに限らず、幼児期は脳が著しく活性化しているため、何かを覚える力がものすごくあります。

鉄道好きな子を実際に電車に乗せてあげると、今度は駅名も覚えるようになります。各駅の駅名は漢字とひらがなで併記されているため、早い子だと幼児から漢字も覚えるようになります。

駅名には大人でも読めないような難しい漢字もありますが、鉄道好きな子は鉄道に関するあらゆることに興味を広げていくので、難なくその漢字を覚えてしまいます。すると、自然に漢字が得意な子になります。

ここまでは、鉄道好きな子によくある話です。では、その知識をその先の学力に結びつけるのはどうしたらいいのでしょう。

鉄道好きな子の中には、「電車に乗れれば満足」という子もいます。でも、そこで親が上手に働きかけをしてあげれば、さらに知識を深めることができます。

たとえば「今、電車が走っている県はどんな形かな?」「この町にはどんな名物がある

んだろうね？」「どうしてこういう駅名がついたんだろう？　この土地と何か関係があるのかな？」などと声かけをしてあげます。

すると、子どもは、その土地の場所や気候、特産物、人々の暮らしなどさまざまなことに興味を広げていきます。

そして「電車だけじゃなく、県の位置や特産物まで知っているなんて、すごいね」と親が感心してあげると、もっといろいろな土地のことを知りたいと知識の質を深め、地理が得意な子になります。

同じように歴史が好きな子も、親のちょっとした工夫によって、「もっと知りたい」という気持ちを高め、歴史が得意な子になります。

ただし、地理が好きな子が必ずしも歴史が好きだとは限りません。同じく、歴史好きだからといって、地理も好きだというわけではありません。

社会という科目は大きく地理・歴史・公民の3分野で構成されていますが、その中で**何か一つでも得意分野を持っていると、自分に自信がつき、「社会だけは人に負けたくない」と思うようになる子もいます。**

そういう子は、はじめは歴史が得意ではないかもしれませんが、ほかの分野の勉強も頑張るようになります。そうやって知識を深めていくうちに、地理と歴史は分野としては分かれているけど、土地の形や気候が人々の暮らしを形成しているなど、いろいろことがつながっていることに気づきます。そうすると、社会という教科がますますおもしろくなり、好きになります。

国語は好きだけど、算数は嫌いという子

人は誰でも得意・不得意があります。たとえば「国語は得意だけど、算数は苦手」という女の子は多いものです。しかし、算数が苦手な子は数字に対する抵抗感があり、数字を見ただけで「難しそう……」「できる気がしない」と思い込んでいる場合もあります。

その場合、数字だけではなく言葉で書いた問題をやらせ、それを絵に描いたり、図に描いたりすると、視覚的に意味がわかって解けるようになります。問題が解けるようになると、おもしろく感じるようになり、好きになっていきます。

このように、何らかの方法で問題の意味が理解できるようにしてあげると、苦手を克服できます。

逆に、低学年までは算数が得意だった子が、高学年になって苦手になってしまう場合もあります。そういう場合は、**問題の読解力が不足していることがよくあります。**

国語に限らず、すべての教科の基本は読解力です。低学年までの算数はパターンで解け

る問題が多いのですが、高学年になると文章問題が増え、読解力がないと解けなくなります。読解力をつけるには、やはり絵や図を描いて視覚から理解させるのがいいでしょう。

国語と算数というとまったく違う教科のように考えがちですが、何か問題を解くときは、その意味を十分理解していなければ解けません。どちらの教科も、「今、何を聞かれているのか」「何がわかれば答えが出るのか?」「なぜ、そうなのか?」と自問自答しながら考えていくと、答えを導き出すことができます。

本を読むのは好きなのに国語の成績がイマイチな子

本を読むのは好きなのに、テストになるといい点が取れない子がいます。

そういう子は本をたくさん読んではいても、**ストーリーを追っているだけで、内容を深**

く理解していません。冒険ものや事件ものはストーリーがおもしろいため、話の展開を早く知りたいと急いで読むクセがついてしまいます。

もちろん、こういう本を読むこと自体はいいのですが、こと国語力をつけることを考えたときは、一冊の本をじっくり読む習慣もつけさせたいものです。

本を読むときは文全体が何を伝えたいのかを理解することが大切です。そのためには、長い文章で何が言いたいのかを解析し、文全体のテーマを考える読み方が必要になります。その結果、中身をよく読むようになるのです。

また、**低学年のころは主人公になりきって本を読む子どもが多いものですが、ある段階でそれを卒業する必要があります。**こうした読み方はあらすじだけを追う読み方になるうえ、国語のテストに必要な〝他者理解〟を深めることができないからです。

国語は読解力や想像力、理解力が求められる教科です。低学年のうちは書かれている内容を理解し、自分の感想を述べればいいという問題が多いですが、学年が上がるにつれて主人公の気持ちや、そのまわりの人たちの気持ちなど、「自分とは違う人がどう感じているか」を問う問題が増えてきます。

すると、あらすじだけを追う読み方では、物語の登場人物の気持ちに気づけないのです。

国語で物語を読むときは、「登場人物の心情を理解する」「情景と心情をつなげて考える」ことが大事であることを教えてあげましょう。

人の気持ちを理解できるようになるには、文章の読み方も大事ですが、実体験として感じたことがなければ、本当の意味で理解はできないでしょう。

そのためには、幼少期に自然の中で友達と遊ぶ経験が必要です。詳しくは第2章で説明していますが、幼児期の体験こそが人をつくることをぜひ知っておいてください。

聞き取り能力を鍛える音読のすすめ

メールなど文字言語に触れる機会が増える一方で、会話言語や音声言語に触れる機会が相対的に少なくなっています。最近は、学校の教員室でも教育についてのやりとりを対面して言葉で行うことが減り、極端な場合はメールで伝えることもあるようです。

教育現場では、教師がお互いに子どもの情報を交換し合うことで実情が見えてくるもの。たとえばいじめを防ぐには、情報交換を生の声で行わなければ実態は見えてきません。

昨今、多くの学校でいじめ問題が解決されず、常に後手に回っているのは、日ごろから生徒たちの生の声を教師が聞けていない証拠です。

人の聞き取り能力は、生まれつきのものではありません。子どものときから、「読み上げて書き取る」「長文を区切りながら読む」などの訓練をすることで鍛えられます。

その訓練には、音読がとても効果的です。

音読は、声を出すことで日本語のリズムを体感でき、身体全体で書かれたものを受け止めることができます。また、読み方を工夫することで書かれている心情を理解できます。そして、どこで区切るかを考えながら読むことで、文章の構造が見えてきます。

もう一つ、暗唱もおすすめです。昔は国語の授業でよく詩や古文の暗唱をしましたが、最近の学校ではあまりやっていないようです。ですが、短い文を暗唱すると記憶力は飛躍的に高まります。**記憶力は聞く力をつけます**。これを続けていくと、かなり長い文でも暗唱できるようになります。

声を出して読むと文章の理解が深まり、国語力がつきます。聞き取り能力は日常の会話で磨かれていくように考えがちですが、実は声を出して読み、書くといった力を鍛えることが効果的なのです。

タイプによる興味の持ち方と勉強の取り組み方

人間には、視覚・聴覚・触覚・味覚・嗅覚の5つの感覚があり、ここから取り入れた情報が脳のさまざまな部分を通り、思考しています。

人間以外の動物は食料を得るために五感を全部使う一方、人間は言葉や文字を発明し文明が発達したため、自然から遠のき、五感のうち味覚・触覚・臭覚をあまり使わなくなっています。視覚と聴覚でさまざまな思考を行い、文明を発達させてきたのです。

つまり、人間は文化を構築するために、おもに視覚・聴覚から入力された情報に脳を使うようになりました。

人間が入力源を行動に結びつけるときには、おおよそ3つのパターンが見られます。

「視覚から入ったものをすぐ行動に移せる（便宜上『A型』とします。以下同）」

「聞いたことを言葉・文章に換えてから考え行動する『B型』」

「文章を読むことで物事を組み立て、理論を構築する『C型』」

個人的な考えですが、情報蓄積のために、どれか得意な情報処理を使っているのだと思われます。ほとんどの人はこれらの情報処理の各要素がミックスされており、どの要素が多いかによってその人の特徴が出てくるのでしょう。

一般的に、算数や理科が得意な子は「C型」で、国語や社会が得意な子は「B型」に属します。現在の日本の教育は、国語・算数（数学）・理科・社会の4教科を主体に、一斉に講義形式で行う暗記中心の学習なので、A型の子どもには向いておらず、勉強についていけない子が出てきます。

A型の子は運動・音楽・ものづくりなどの実学が得意なので、そこを伸ばしてあげると社会で役立つ人材に育ちます。

人には得手不得手があり、子どもの資質をよく見て教育することが大切です。では、各タイプについて詳しく見ていきましょう。

見たものをすぐに行動に移せるタイプの子(A型)

この資質を持っている子どもは、動くことが大好きで、見たものをすぐ行動に移したがります。自分がおもしろいと感じる刺激ならすぐに反応を示しますが、そうでないものに対してはほとんど興味を示しません。

また、説明を聞いても反応しないことが多く見られます。言葉で学ぶより、身体で感覚的に覚える特性があります。視覚から入ったものに瞬時に反応して物事を処理する脳の部分が働くため、実践や応用に長けています。しかし、理論や抽象的なことは苦手です。**言葉で説明を聞くことが苦手なので、落ち着いて授業を聞いていないことも多いのです。**

そのため、このタイプの子は一斉講義型の授業には集中できず、低学年では授業中に立ち歩いたりすることがあります。また、文章からの入力が頭に入りづらく、口ベタな傾向もあるため、周囲から誤解されて問題児扱いされてしまう場合も見られます。

しかし、このタイプの子は、実社会に出ると有能な人材になることが多いのです。手先が器用なため、見たものをすぐに作れたり、運動神経が優れていたりするため、建築家、陶芸家やデザイナー、美容師、スポーツ選手など幅広い分野で活躍します。

触覚・味覚・嗅覚を使った分野でも能力を発揮します。たとえば、精密工業の分野で微妙な触覚で工作物の0・1㎜レベルの差を認識する職人がいます。また、食品製造で微妙な味覚を使い、空気中の微妙な湿度を感じて、いつでも味を同じにする職人芸もあります。

こうした能力を発揮できるようにするには、幼少期からコミュニケーション能力などの社会的スキルを身につけさせ、衝動性をコントロールする自制心を養う必要があります。

聞いたことを文章に換えてから考え行動するタイプの子（B型）

このタイプの子どもは、聞くことで物事を理解します。会話言語に強く、言葉の感覚も優れていて、聞いたことをしっかりノートに取って、文章で確かめることで頭に入れることができます。講義形式の現代の教育に向いている子です。

したがって、**自分で本を読んで勉強するより、誰かに教えてもらったほうが覚えやすいので、塾に行って教わったほうが理解でき、学力も上がります。**

見たものをすぐに行動に移すA型の子と違って、相手の気持ちを理解したり、場の空気を読み取ったりするのも得意です。コミュニケーション能力に優れ、相手の話を聞いて共感することにも長けています。

一方で、映像や空間的な処理が苦手です。算数の図形問題が理解できなかったり、立体感のある絵を描いたりするのがあまり得意ではありません。

また、理屈っぽい話より、具体的で身近な話に興味を持ちます。ですから、**このタイプ**

の子には、身近な具体的な例を挙げて話すと効果があります。

目で読んだ文字から物事を組み立て、理論を構築するタイプの子（C型）

論理や法則を好み、数字や論理的文章の能力に長けています。**言語で思考するより、シンボルやイメージで思考します。**分析が得意で、物事を論理化、法則化、図式化して理解します。細部へのこだわりや完璧志向が強い特徴があります。そして、このタイプは、学生時代は成績がいいことが多いようです。

性格はマイペースで、自分の興味のあることには熱中しますが、それ以外のことには無関心なことが多いようです。したがって、対人関係は不器用で消極的です。意味の曖昧な会話や詩的表現が理解できず、ときどき無神経な発言をします。

また、**理屈は得意ですが、現実の問題解決や身近なことは苦手という人が多く見られます。**いわゆる秀才タイプはここに属すると言っていいでしょう。

このタイプで他者と協力してやっていける数少ない人たちが、社会を引っ張っていく人材に育つでしょう。このタイプの子どもは、社会的認識や社会的スキルが弱いことが多いです。子どもによっては実行能力や総合力に弱点がある場合も見られます。

したがって、**幼いころから体験型の学習や実技的な学習を増やし、自分のことは自分で管理させる習慣をつけて、自立に向けた準備をすることが必要です。**責任を持って行動する機会を増やすことで、実践感覚や社会的意識、勤労意欲を養えるからです。

少し前まで、このタイプの人は大学で研究に専念していることが多かったのですが、最近は一般企業でも活躍しています。

しかし、仕事は優秀でも対人関係でうまくいかず、つまずいてしまうケースが多いことには気をつける必要があります。

わが子のタイプを知り その特性を生かす子育てを

このように、人には得意分野と不得意分野があります。それぞれのタイプの特徴を知り、わが子の資質をよく見きわめて、不得意なところを伸ばし、欠点を補って導いていけるよう、幼い時から心がけましょう。

子どもの好奇心を伸ばすのに、本の読み聞かせはとても有効です。物事を聞いて理解するB型の子は、話を聞くのが好きなのでじっと座って聞くことができますが、見たものに関心を示しすぐ行動に移すA型の子は、じっと聞いていることができません。

そういうお子さんの姿を見て、親が「この子は落ち着きがない」「ほかの子よりも劣っている」などマイナスに思ってしまい、子どもを叱ったり、がっかりした顔を見せてしまったりすると、その子はつらい思いをするでしょう。

そういう子の場合は、本を読むときも短いものを読んであげたり、視覚で興味をそそるものを読んであげたりすると喜びます。

このように、その子のタイプに合わせて親が接し方を変えてあげると、子どもはその特性を生かしながらのびのびと育ちます。ですから、まずわが子がどんな資質を持っているのかをじっくり観察し、見極めることが大事です。

そして、その特性を認めて、いいところはさらに伸ばし、弱点はそれを補う声かけや工夫をしてあげてください。幼児期からそれらをうまくやっていけば、弱点を克服することができます。

そうすれば、その子は将来、人間が社会で生きていくうえで必要な生活習慣やマナーを身につけ、人間関係を良好に築きながら、自分の特性に合った仕事に就き、そこでイキイキと働き、幸せな人生を歩むことができるでしょう。

わが子が幸せになれるならそれでいい？

さて、ここまで豊かな好奇心は、学力につながるという話をしてきました。わが子を勉強ができる子にしたければ、早期教育よりも好奇心を刺激することが大事。

親はそれをしっかり頭に入れて子どもと接してほしいと思います。それが、わが子の幸せな人生につながるからです。

けれど、わが子が幸せであれば、それでいいのでしょうか？　今、私たちが暮らす地球では、大きな変化が起きています。温暖化による地球環境の悪化です。なぜ、急にこのような話をするのかといえば、せっかく親御さんが愛情をたっぷり注いで、子どもの好奇心を伸ばし、満足のいく子育てができたとしても、人間が生きられる地球にしなければ、すべてが無になってしまうからです。

地球温暖化による生活への影響は、ここ10年、みなさんも実際に感じていることでしょう。今までは「こんな現象があります」という報告で終わっていましたが、2015年に世界の平均気温が観察史上最も高い数値を出し、大気中の二酸化炭素の濃度がついに400ppmを越えました。このまま温室効果ガスの排出をなりゆきまかせにしておくと、世界の平均気温は今世紀末までに4℃前後上昇すると言われています。2℃の上昇でも世界中の氷河が解けてしまう数値ですから、これは本当に深刻な問題です。

わが子の幸せな人生を望むのであれば、個人の能力を伸ばすことも大事ですが、それ以前に、わが子が生きていく地球にも関心を持たなくてはなりません。

どんなに理想的な子育てをしても、人類が生息できる地球にしなければ意味がありません。この問題に対応するには、幼いときから自然に触れさせ、その素晴らしさや脅威を教えてあげる必要があります。

「子孫が生存できる地球を残す」ために、親は地球の現状をきちんと把握し、将来子どもたちが自ら知恵を出し合い、克服できるような頭脳や習慣を培うことが大切です。それが、親としての責任でもあるのです。

人は大昔、自然とともに暮らしてきました。森や土、風の呼吸を肌で感じながら生きてきたのです。しかし今は、森は遠く、身近にあった野原や空き地は消え、都会の学校では校庭が土からコンリートに変わり、建物や乗り物の中はエアコンの快適な風と湿度が保たれ、自然を肌で感じることができない環境になっています。

毎年各地で台風や大雨、干ばつなどの自然災害がニュースになりますが、自分たちの暮らす地域で起きていることでなければ、「自分とは関係のないところの話」と他人事に思う人が増えているように思えてなりません。自然を身近に感じていない証拠です。しかし、それでは、人類が生息できる地球を残すことはできません。

子どもに自然環境に関心を持たせるには、まずは本物の自然に触れさせせることです。その偉大さや素晴らしさを自分の体験として実感できれば、「この地球を守るのは自分たちなのだ」という意識を持つことができます。

また、自然の中にいると、突然気温が下がったり、目の前が霧で見えなくなったりするなど、予期せぬハプニングが起こります。

こうした体験をすると、普段は穏やかで美しい自然が、一瞬で豹変する怖さを持っていることを知ります。この脅威を知っていれば、地球に今どんな変化が起きていて、それが将来どう影響するかなどを自分で考え、なんとかしなければならないと思うようになります。

地球環境の悪化については、学校でも学びますし、テレビの特集でもたびたび取り上げられています。しかし、それを自分たちの問題として受け止められるかどうかは、幼少時代からどれだけ自然に触れてきたかによって違ってきます。

ですから、お子さんの本当の幸せを望むのであれば、まずは今の子どもたちが将来安心して暮らせる地球を取り戻すことが必須で、そのうえでわが子の幸せを願う子育てをしていきましょう。

第5章

好奇心は人を変える
——私が見てきた子どもたち

ここまで、子どもの好奇心を伸ばすために「やってほしいこと」と「やってはいけないこと」を説明してきました。

こうして見ていくと、**子どもの好奇心を伸ばすのに必要なのは、「親の愛情」と「しつけ」という実にシンプルなものであることに気づいたと思います。**

しかし、子育ては生身の人間が相手です。頭ではこうしたほうがいいとわかっていても、親自身の気持ちに余裕がないときは落ち込んだり、イライラしてしまったりして、うまくいかないこともあるでしょう。

でも、本書で解説してきたことを折にふれて意識するだけで、子どもにも少しずつ変化が見られるようになります。

さて、ここからは、私が過去に実際に接した学生たちの例を紹介していきましょう。

私が教鞭をとっていたのは医学部だったこともあり、両親が医師であったり、本人が中学受験経験者だったりしますが、幼少期の親の接し方によって、子どもがどう成長するかを知るための参考にしていただければと思います。

ケース1
成績は「中の上」でも社会に出て成功したS君

S君の両親は、お父さんが開業医でお母さんは専業主婦。お父さんは患者さんの信頼が厚い医師でしたが、ひとりっ子のS君に対しては何も言わず、いつも見守る姿勢をとっていました。

仕事熱心だったお父さんの代わりに、家庭はお母さんがすべて仕切り、S君の勉強も任されていました。お母さんはS君を幼いときからかわいがり、たっぷり愛情を注ぐ一方で、他者との関係をよくするためのしつけをしっかり行ってきました。

そのため、S君のまわりには友達が多く、人なつこい性格から教師にも好かれる学生でした。

ただ、勉強の成績は常に「中の上」で、がむしゃらに勉強をするときもあれば、急にやる気がなくなってしまうときもあり、伸び悩んでいました。

2年生の前期試験のときに、点数がわずかに足りず、再試験を余儀なくされ、S君は私のところに駆け寄ってきて、こう言いました。

「先生、あと数点じゃないですか！　お願いです。通してくださいよ！」

しかし、私は「ダメだよ。これでも甘く点をつけているのだから、再試験だね」と突き放しました。S君はしばらく粘っていましたが、とうとうあきらめて帰っていきました。

その後、再試験を受けたものの、またもやわずかに点数が足りず、再々試験になり、さすがにこれではマズいと思ったS君は、それから必死になって勉強をしました。

私がS君を突き放したのは、S君なら自分の力でなんとか乗りきれるだろうと思ったからです。教育は、本人の性格をよく見極めて対応することが大事です。

その後、大学院に進んでからも、S君は人なつこい性格が気に入られて教授にかわいがられました。秀才的な学生ではありませんでしたが、人のアドバイスを聞く素直さがあったため、周囲からいいサポートを受け、それを彼なりに吸収して成長していきました。医師になってからは一生懸命働いて腕を上げ、現在は地方医療機関の中心として活躍しています。

人を好きになることが大切

このように「人に好かれる子」は、特別に成績が優秀でまじめというわけではなくても、先生や先輩など目上の人から目をかけられ、成長することができます。

幼少期に親からたっぷり愛情を注がれて育った子は、人と接することに対してよいイメージを持つことができ、人を好きになり、信頼することができます。そのため、人の話も素直に聞くことができるのです。

また、S君はお母さんの愛情をたっぷり受けながらも、「あいさつをする」「ルールを守る」など、他者との関係をよくするためのしつけをしっかり受けて育ちました。

そのため、周囲の友達や先生に、「この子をなんとかしてあげたい」「この子なら成長できるだろう」と感じてもらうことができたのです。

このように、コミュニケーション能力があり、人に好かれる力が長けている子は、子どものときはそこそこの成績でも、長期的に見ると人生で成功する子が多いのです。

ケース2 優秀な成績を伸ばし続けたI君

I君の家庭はお父さんが会社経営者、お母さんも職業を持っていました。両親ともに多忙だったため、幼稚園から小学校まではおもにおばあちゃんがI君の面倒を見ていました。I君は幼少期から物事のいろいろなことに興味を持ち、また、おばあちゃんにもさまざまなことを教えられました。

I君はお母さんが帰ってくると、自分が興味を持っていることについてお母さんに話したり、質問したりしました。お母さんは忙しいながらも、できるだけそれに応えたようです。さらに、そのことが詳しく書いてある本を用意したりして、I君の興味を広げてあげました。それらの本を読み込み、I君は自分の知識として吸収していきました。

幼少期はあまりお父さんと一緒にすごせませんでしたが、中学生になってからは、一緒に山登りや旅行をしました。また、お父さんから「現実の社会」や「働くとはどういうことか」などについて教えてもらったと言います。

I君はその後、医師を目指し、学生時代は一所懸命勉強し、優秀な成績で卒業をしました。卒業後は母校に残り、積極的に研究と医療技術の修練を行い、現在は教授として活躍しています。

できる限り子どもに向き合う

幼少時代から好奇心が旺盛で、何事にも積極的に取り組む性格ができあがったのは、父親・母親・祖母という3人の大人たちの積極的な関わりが大きいでしょう。

幼少期からいろいろな体験をし、物事をさまざまな角度から考え、本人が納得するまで取り組ませる習慣を身につけたことで、「集中力」や「忍耐力」のある、どんなときでも頑張れる人に成長しました。

また、幼児期におばあちゃんと長い間一緒に過ごしたことも、人に対する思いやりや医師として必要な「患者を思う心」を育んだものと思われます。家庭の雰囲気、本人の素質がともに揃った、子育ての成功例と言えるでしょう。

共働き家庭が多い現代では、どの親も忙しいことと思います。しかし、忙しいながらもそれを言い訳せず、**一緒にいられる時間は子どもにしっかり向き合い、わが子が今、何に興味を持っているのかについて関心を示すべきです。**

そして、タイミングよく本を与えたり、実際にその場所に連れて行ってあげたりして、子どもの好奇心をさらに伸ばしてあげましょう。子育ては時間の長さではなく、どう向き合うかが大切なのです。

ケース3

他人の意見を受け入れようとしなかったW君

医師の父親を持つW君は、幼いときから「医師になるための勉強だけしていれば、ほかは何をしてもかまわない」という育てられ方をしてきました。そのため、学校の成績はいいけれど、自己中心的な行動を取る学生でした。その性格は大学に入ってからも変わらず、目に余る行動が見られたので、当時担任だった私が何度か面談をしました。

しかし、面談でも自己主張を通すので、「社会にはさまざまな個性を持った人たちがいて、他者と協調しながら生きていくものだよ。それに、医療が高度化して個人ではなくチームで行うようになっているから、ほかの学生や上級生とコミュニケーションが取れないと、将来やっていけないよ」と言い続けました。そして、人とのつき合い方を学ばせるために、クラブ活動に入るようにすすめました。

しかし、クラブ活動でも自分の気に入らないことがあると黙って帰ってしまったり、上級生の言うことを聞かなかったりするなど、自分勝手な行動は改まりませんでした。

あまりに自分勝手なので、上級生がそれを指摘し、軽く頭を小突くと、暴力を振るわれたと顧問に訴えてきました。顧問はW君と上級生の両方の言い分を聞き、「今回の上級生の行動は暴力まではいっていない。みんなが気持ちよく活動するには、W君もみんなと一緒に行動をしなければいけないよ」と伝えると、納得せず父親に訴えます。

父親も「わが子のほうが正しい」と、地方から大学へやってきて顧問に抗議をしました。

私も父親に会い、これまでのW君の行動について話し、あまり勝手な行動をするので、上級生が注意のために話しているうちに、頭を小突いてしまった。クラブ活動は、将来のチーム医療に必要なコミュニケーション力や協調性を育むために行っている、と伝えたものの、納得してもらえず、提訴するの一点張りでした。

しかし、郷里の弁護士に相談したところ、W君にも非があることを指摘され、訴える問題ではないと言われて事態はようやく収まりました。

その後、W君はクラブを退部し、友達がだんだん離れていき、一人で過ごすことが多くなりました。しかし、幼いころから勉強をしてきたので学力だけはあり、ストレートで卒業し、国家試験も一度で合格しました。

しかし、医局に入っても同じような行動を取るため、まわりとの関係がうまくいかなくていづらくなり、医局を辞めてしまいます。その後、いくつかの大学の医局に入ったものの退職をくり返し、現在は父親の出身大学の医局に入り、そこで徹底的に教育されて人が変わったと聞いていますが、数多い教え子の中でも、今でも気がかりな存在です。

大人になっても人は変われるが……

幼少期から「勉強さえしていればいい」と、ひたすら知識を詰め込む教育をしてきたため、この時期に伸びるはずの好奇心が育たず、また友達と一緒に遊んだ経験がないため、対人力に欠陥が出てしまった残念な例の一つです。

しかし、W君はその後、現在の職場で厳しく鍛えられ、少しずつ変化が見られるようになっています。このように、**ある程度育ったあとでも、人は変わることができます。**でも、もし親がW君が幼いときから彼のよさを見つけ、それを伸ばす働きをしてあげていたら、W君の人生はもっと輝けたことでしょう。

W君のこれまでの人生は、W君本人にも原因があったとしても、彼だけを責める気持ちにはなれません。子どもは親を選べないからです。

子どもはよくも悪くも親の関わりや価値観などの影響を受けて育ちます。幼少期にW君に勉強ばかりさせ、「勉強さえできればいい」という価値観を植えつけたのは親です。

わが子に本当に幸せな人生を望むのであれば、幼少期に大切なのは「勉強をさせる」ことではなく、親がたっぷり愛情を注いであげること。そして、生きていくために必要な生活習慣やしつけを教えてあげることです。

本書ではそれを再三お伝えしてきました。今、そのことに気づいたという親御さんは、今日からでもいいので、お子さんへの接し方を見直してみてください。

親が変われば、子どもも変わります。子育てはいつでも修正できるのです。

ケース4

厳格過ぎる親に反発して自立したR君

R君も幼いときから医師になるための勉強を強いられながら育った学生でした。

幼少期のころのR君は好奇心があり、さまざまなことに興味を示しましたが、医師の父親が厳格で、勉強以外のことをさせてくれません。小学校に入ると、塾に通いながら家庭教師もついて、自分の好きなことがまったくできなかったと言います。

高校生のときまでは一生懸命に勉強して医師にならなければいけないと思い込み、父親の言う通りにしてきました。しかし、大学に入ると今までの生活、ことに父親に対する反発心が芽生え、勉強する気がなくなり、欠席が多くなりました。

一年留年したとき、「なぜ勉強をしないのか」と聞くと、「今まで父親の言う通りに勉強をしてきたが、医師になることに疑問が出てきたんです。自分のやりたいことをやってみたいという気持ちが強く、勉強に身が入りません」と言います。

「でも、医師になる気はあるのだろう？　クラブ活動でもして気分を発散してみたらどうだ？」と言うと、「クラブ活動をしてもスッキリしません。もう少し自分の将来について考えてみます」と言って、そのときは終わりました。


その後しばらくして、次の面談のときR君はこう言い出しました。

「僕は小さいときから親の言う通りにしてきて、自分の好きなことは何もできませんでした。今は自分の好きなこと、今までできなかったことをやってみたいんです」

「実際に何をしてみたいの？」と聞くと、「東京に出て居酒屋で働きながら、バンドを組んで音楽をやりたいんです」とのこと。働くところも大体決まっている、と言います。

「それは大学の授業料、将来のことにも関わってくるから、しっかり計画を立てて、それに私が納得したら、お父さんと話してみよう」と言いました。

まもなくR君はきちんとした計画を持って、私のところにやって来ました。とにかく今は自分がやりたいことをやってみて、もしダメだったら心を入れ替えてやり直すというので、私のほうから両親に話してみることにしました。

「R君はこれまで医師になるための勉強だけをしてきて、自分のやりたいことがまったくできなかった。今、自分の生き方に疑問を感じていて、勉強にまったく身が入らないそうです。このままでは、留年をくり返すことになると思います。この際、一年間休学させて、一度本人のやりたいことをやらせてみてはいかがでしょうか？　おそらく半年もすれば厳しい現実がわかり、将来のことを考えて復学すると思います」

R君の両親はしばらく迷っていましたが、「では、先生の言う通りにさせてみます」と、この提案を受け入れてくれました。

そして私は「ご両親と話をしたよ。普通なら一年間休学だなんて贅沢だけど、R君が自分でやってみて考えることは大切だ。しかし、世の中はそんなに甘いものではないから、腹を決めてやってみなさい。ただし、3カ月に1回、私のところに報告に来てくれよ」と伝えました。

そして、R君は東京で居酒屋のバイトをしながら、バンドの生活を始めます。

1回目に報告に来たときは、「僕は今、とても充実した生活を送っていて、バンドのほうも満足しています」と報告がありました。

しかし、ときがたつにつれて、自分でいろいろと考えていくうちに、「やりたいと思っていた生活はやはり厳しく、バンドのほうも少し興味が薄れてきた」という報告がありました。そして、3回目に来たときに、「このまま続けても先が見えないし、バンドのほうもあまりおもしろいと思わなくなってきました。来年は復学して、医師を目指して頑張ろうと思います」と言ってきました。

私の予想よりも早く、R君は心を入れ替えてきたのです。

「自分で考えた結果、そういう答えを出したのなら、復学しても大丈夫。復学までの残り3カ月間、心構えを確実にするために、実習室に来てもかまわないよ」と言いました。

復学してからR君は人が変わったように、勉強もクラブ活動も頑張りました。友達も増え、充実した学生生活を送ることができたのです。

自らの決断には重みがある

幼少期から父親が厳しく、本人の好きなことはほとんどできず、勉強ばかりしてきたR

君。高校までは言われるままに勉強をしてきましたが、大学に入ると目的を失い、これまでの自分の人生は何だったのだろう、と疑問を抱くようになります。

ほかの学部では何をしたいかわからないまま入学し、途中で退学する学生も多いようですが、医学部という目的が決まっている学部であるにもかかわらず、こうした学生はときおり見られます。なかには、大学入学後に目標を見失って無気力になり、何もできなくなってしまう学生もいます。

しかしR君の場合は、母親が陰でサポートしていたため、本人はいざというときは母親に頼れるという安心感があり、わずかながら好きなこともでき、自我が目覚める下地はできていたのでしょう。

大学に入学して父親の圧力から解放されたとたん自我に目覚めて、自分がやりたいことを一度はしてみたいという気持ちが抑えられなくなり、このような行動に出たのです。

その結果、R君は厳しい現実を知り、これからの自分自身についてよく考え、答えを出します。人に言われて受け身の姿勢でやるのとは違い、自分で出した答えには責任があり、やる気も向上します。復学後のR君の成長には目を見張るものがありました。

このように、人は変わることができるのです。留年、休学とR君の学生生活はほかの学生より長く、遠回りをしましたが、その間にもがき、挑戦し、挫折をし、自分自身を成長させることができました。

それができたのは、幼少期に好奇心を抑えられながらも、まったく失っていたわけではなかったからです。**つまり、人の根本に好奇心があれば、行動を起こすことができ、自分を変えることができるのです。**

高学歴と低学歴を分けるのは「好奇心」の有無

あえて高学歴と低学歴という言葉を使うとすれば、それらを分けるのは好奇心の有無だと考えられます。好奇心があればそれを満たすために勉強をして、それが正のスパイラルを生んでいく。反対に好奇心がなければ目の前の快楽で満足して、そこで成長が止まってしまう。

これはたしかに納得感のある指摘です。好奇心がある人は学問的な勉強を楽しめるようになりやすく、また、**自分の学習（成長）それ自体にも好奇心を持つことができるので、自然と学歴が高くなる傾向にあります。**

好奇心の有無は、たとえば幼少期に「親が何かの研究に熱中していた」「楽しんで勉強をする友達に囲まれていた」「家庭に、趣味に熱中できる余裕があった」などなど、子どもの自助努力ではどうしようもない外部要因と関連しているように思います。

そして好奇心の有無は、学歴の有無をもたらす一つの要素であることも事実です。好奇心がない人は、新しいことに無関心で、それが勉強にも熱中できなくなるのです。

情報過多が好奇心を弱める

好奇心は情報が不足しているときに活性化します。食べ物がたくさんあるとき、さほど強い食欲を感じないのと同じようなものです。

図書館や書店で読みたい本を探すときは好奇心を満たすものを選びますが、ネットでは自分の関心のあること、興味のあることだけを選んでしまい、進歩のない知識を増やしているだけになります。そして、**幼いときから知識ばかりを詰め込まれると好奇心はわかなくなります。**

「教養」・「リベラルアーツ」が必要だといわれているのは、このような理由によるものです。情報を選択するために必要な好奇心、膨大な情報から必要なものを集める手法として、情報検索やデータマイニングなどの技術が使われています。

そのためにはテーマやキーワードが必要で、多くの知識がなければそれらを思いつかないでしょう。

そこで大事になるのが好奇心です。広辞苑で「好奇心」を調べると、「珍しい物事、未知の事柄に対する興味」となっています。好奇心は「なぜだろう」という疑問です。

幼少のころは「どうして？」、「なぜなの？」と聞く時期があります。このときに興味を引くような説明をすることで、将来わからないことに遭遇したときに、なぜだろうと考える力になるのです。このとき関心を引くものと引かないものがありますが、子どものときはさまざまな不思議なことを体験させることが、成人してからの伸びにつながります。

おわりに

人間がこの世に生を受けるということは、両親からDNAを受け継ぎ、さらに祖父母からもその倍のDNAを受け継いでいるということです。それは10世代までさかのぼると1024人、20世代で104万人になります。

このように、みなさんは多くのご先祖からの遺伝子を受け継いで存在し、今、自分が考えていることの基盤もその多くの人たちから受け継がれているのです。

人類の誕生からさかのぼって計算をすると、みなさんが両親から生まれる確率はなんと7兆分の1。この世に生まれてきたというだけでも奇跡なのです。

この重みをあなたはどう考えますか？　あなたは一人で生まれ、一人で勝手に生きているわけではないのです。多くのご先祖さまが考え、行動し、獲得したものから、今のあなたがあるのです。この重みを深く受け止め、自分がどう生き、自分の子どもをどう育て、その先の子孫の幸せまでを考えた生き方をしてほしいと思います。

人間の身体は60兆個の細胞から成り立っています。筑波大学名誉教授の村上和雄氏の言葉を借りると、遺伝子には「こういうときは働け！　こういうときは眠っていろ！」という指令情報があり、これを分子生物学では「遺伝子のオン・オフ」と言います。人間の遺伝子には「A・T・C・G」という塩基と呼ばれる物質からなる30億の膨大な情報があり、1000ページの本3000冊分に相当します。

遺伝子は一分一秒も休みなく働いていますが、遺伝子にはオンにしたほうがよいものとオフにして眠っていたほうがよいものがあります。よい遺伝子をオンにするには5歳まで、遅くても12歳までにはできるだけオンにしておく必要があります。

人が生まれるときには、親から受け継ぐ遺伝子は70兆通りの組み合わせがあり、その組み合わせのなかから生まれてきたお子さんの遺伝子はそれぞれ特有なものを持っています。その持っている遺伝子を一つでも多く、よいほうへオンにする子育てをしてください。

遺伝子という言葉を使うと、なんだか難しい話だと感じてしまうかもしれませんが、それをわかりやすく伝えるためにまとめたのが本書です。これまで再三にわたってお伝えしてきましたが、お子さんが生まれて持っている特性を伸ばすには、親は愛情をもって接すること、自然のなかで新しいものに触れさせること、他者とのさまざまな関わりがよい遺伝子を目覚めさせる機会になることを知っておきましょう。

お子さんが幼いときにそれを導いてあげられるのは、主にお母さんの役目です。最近は共働き家庭が増え、幼いときから保育園に預ける家庭もあります。今の時代、それは仕方がないことかもしれません。保育園は同じ年代の子どもたちと一緒に長い時間を過ごすので、子ども同士の関係や社会の中での関係が助長されるよさがあります。

しかし、どうしてもお母さんと過ごす時間が少なくなってしまいます。保育士がどんなに頑張ってもお母さんの代わりにはなれません。ですから、仕事を持つお母さんは、お子さんと一緒にいられる時間はできるだけ緊密に関わってあげてください。それが、お子さんの感性を豊かにすることにつながります。

知識よりも自然との関わりを多く持ち、また、人としてのコミュニケーションができるよう、ほかの子どもたちや大人との交流を心がけることが大切です。幼いときから知識重点で教え込まず、感性が豊かになるよう、さまざまな経験をさせてほしいものです。

そうやって親が上手に働きかけ、世の中にはいろいろな仕事があることを知らせて、たくさんの選択肢を教えてあげると、「自分の将来は明るく楽しいものになるに違いない」と、将来への前向きな希望を持つことができます。子どもは何かのきっかけで自分の将来像を意識し、それがしっかり固まると、「勉強をしなさい！」と口うるさく言わなくても、自分から進んで勉強をするものです。

一方で、基本的な知識をしっかりつけることは大事です。これがないと、知識を知恵に変えることができないからです。近年、アクティブラーニングという言葉がもてはやされていますが、真のアクティブラーニングとは、基本的な知識があってはじめて成り立ちます。知識もないのにあれこれ考えさせたり、発言をさせたりしても意味がありません。それは考えているふりをしているにすぎないのです。

幼少期にさまざまな体験をさせることをすすめるのは、物事を考えるために必要な、自らが得た知識を蓄積するためです。それをくっつけたり離したりして再合成し、自分の知恵に変えられる人になってほしいと思います。

幼いときからひたすら机に向かって勉強し、有名大学へ入ってエリートコースを選ぶ人たちが多くいますが、社会に出たときに、その知識がすべて通用するとは限りません。

現在の日本の受験制度は、一方的な教授方法によって知識を丸暗記させ、どれくらい知識があるかを試す試験のため、やむを得ないという見方もありますが、このような勉強法ばかりしていると、自ら考える頭脳は形成されず、世界では通用しません。

しかし、幼いときから好奇心を持つことで、現在の受験制度に対応でき、将来的にも世界に通用する力を発揮できるということを伝えるのが、この本の一つの目的です。


人はいくつになっても好奇心を持ち、持続性と集中力を持ち続ければ、遺伝子はオンになって働きます。いくつになっても人生に目的意識を持ち、好奇心を失わないよう、あちこちに目配りをして生きることが大切です。それが自分の人生を有意義に生きることにつながります。

年を取ると身体の機能は衰えていきますが、それまでの経験から得た知識の蓄積があるので、それを活用し、新しい情報を取り入れながら、新たな知恵を生み出すことができます。それが生きている限りの挑戦であり、満たされた毎日を送ることができるのです。

その基礎は、幼いときの好奇心が元になっていることを忘れないでください。哲学者・梅原猛氏は「物事を考え、自分を磨くためには子どもの心に戻ることである」と述べています。子どもの心は新鮮で、どんなことでも好奇心の対象になり、無垢《むく》な心で取り組むからです。伸びる人の条件は、常識に縛られない闊達《かったつ》さを持ち、何事にも規制されない自由な発想を持つ、子どものような好奇心・感覚を持っていること。物事を思い込みではなく、白紙の状態で、好奇心を持って見ることです。

21世紀を生き抜くには、知識だけでは通用しません。さまざまな角度から物事を考えられる教養がなくては、幸せな人生を歩むことはできないでしょう。物事をたくさん知っている人は、その知識に頼りがちです。現在の仕事に今までの知識は役立つかもしれませんが、時の流れは速く、科学は進歩し、世の中は大きく変わっていくことでしょう。

絶え間なく変化する世の中で柔軟に生きていくには、自分が持っている知識（＝教養）を知恵に変えられる力が不可欠です。創造力は何もないところからわいて出てくるものではなく、頭の中に蓄積されている知識を取り出し、バラバラにしたり、組み替えたりして新しいものをつくり出すことです。

その基礎が幼児期・児童期の12歳までにつくられることをもう一度認識し、わが子の幸せを望む子育てをしてほしいと願っています。

著者紹介

永井 伸一
獨協医科大学名誉教授。東京都出身。1963年横浜市立大学生物学科卒業。研究生活に入り、京都大学・水産生物学で学位を取得。獨協医科大学で27年間、その後私立中高一貫男子校で校長として11年間学生たちを指導する。のべ4000人におよぶ学生について、幼児期からの成長過程をふまえて研究することで独自の教育理論を構築。現在も講演活動などを通して、その普及にあたっている。

12歳《さい》までの好奇心《こうきしん》の育《そだ》て方《かた》で
子《こ》どもの学力《がくりょく》は決《き》まる！

2017年４月５日　第１刷

著　　者　永《なが》井《い》伸《しん》一《いち》
発 行 者　小澤源太郎

責任編集　株式会社 プライム涌光
電話　編集部　03(3203)2850

発 行 所　株式会社 青春出版社
東京都新宿区若松町12番１号 〒162-0056
振替番号　00190-7-98602
電話　営業部　03(3207)1916

印　刷　中央精版印刷　製　本　大口製本

万一、落丁、乱丁がありました節は、お取りかえします。
ISBN978-4-413-23036-0 C0037